建筑应用写作实训教程

主　编　张宏燕　李　艳

副主编　朱学荣　凌永刚　薛景丽

编　委　朱学荣　李　艳　李　超

薛景丽　张宏燕　凌永刚

王　颖　张艳艳

主　审　吴秋懿　侯广文

U0832307

北京理工大学出版社
BEIJING INSTITUTE OF TECHNOLOGY PRESS

内 容 提 要

本书根据高等院校语文“能说会写”的语言能力培养目标编写，旨在为高等院校土建类相关专业的学生写作建筑工程应用文提供指导。全书依据土建类相关专业特色设置了基础写作能力训练、通用写作能力训练及职业写作能力训练三个实训章节，具体选取了使用频率较高的若干文种，如通知、通报、报告、请示、计划、总结、求职信、申请书、招标书、投标书、经济合同、意向书、毕业论文、实验报告、实习报告、技术交底文件、施工日志、工程变更单等。

本书以实训为主，突出学生的实际应用写作能力训练，可作为高等院校土建类相关专业学生的教学用书，也可作为建筑行业工程技术人员的参考用书。

版权专有　侵权必究

图书在版编目（CIP）数据

建筑应用写作实训教程／张宏燕，李艳主编．—北京：北京理工大学出版社，2015.9

ISBN 978-7-5682-1225-0

Ⅰ．①建…　Ⅱ．①张…　②李…　Ⅲ．①建筑业－应用文－写作－高等学校－教材

Ⅳ．①H152.3

中国版本图书馆CIP数据核字（2015）第212697号

出版发行／北京理工大学出版社有限责任公司

社　　址／北京市海淀区中关村南大街5号

邮　　编／100081

电　　话／（010）68914775（总编室）

82562903（教材售后服务热线）

68948351（其他图书服务热线）

网　　址／http://www.bitpress.com.cn

经　　销／全国各地新华书店

印　　刷／北京紫瑞利印刷有限公司

开　　本／787毫米×1092毫米　1/16

印　　张／13.5

字　　数／292千字

版　　次／2015年9月第1版　2015年9月第1次印刷

定　　价／42.00元

责任编辑／钟　博

文案编辑／钟　博

责任校对／周瑞红

责任印制／边心超

图书出现印装质量问题，请拨打售后服务热线，本社负责调换

前言 FOREWORD

“能说会写”是高等院校语文教育最主要的能力培养目标，也是当今社会对高等院校学生最主要的能力需求点。为切实提高高等院校土建类相关专业学生的汉语言文字应用能力，我们组织一线语文教师编写了《建筑应用写作实训教程》一书。

本教材紧紧围绕高等院校土建类相关专业的特色设置了基础写作能力训练、通用写作能力训练及职业写作能力训练三个应用写作教学模块。其中基础写作能力训练教学模块主要介绍了应用写作的一般原理和基本知识，如主旨、材料、结构、语言等，侧重于学生的应用写作基础能力训练；通用写作能力训练教学模块是对在各个行业领域范围内通用的一些应用文种进行针对性训练，如知照性文书、筹划性文书、祈请性文书等；职业写作能力训练教学模块则主要根据土建类相关专业的特色，同时密切结合土建类实际工作的写作需要，选取了建筑行业领域范围内使用的几个高频文种做专业文本写作能力训练，如经济文书、法律文书、科技文书、建筑文书等。每个教学模块中又设置【教学目标】、【知识扫描】、【案例评析】、【实训课堂】及【相关链接】等教学环节，旨在全面夯实学生的文字表述能力的基础上切实提高土建类相关专业学生职业文本写作的规范意识，全面提升其职业文本写作素养。

本教材编写时，在内容编排上尽量遵循应用写作作为一般文字表述活动的内在规律，从基础写作能力训练开始到各个专业领域之间通用的通用写作能力训练，最后到土建类专业领域内的职业写作能力训练，从基础到一般最后到专业，从低到高、多维立体的写作能力训练旨在切实提高学生的汉语言文字应用能力及综合职业竞争能力，在全面提升学生的整体素质的同时拓宽学生的就业渠道，使学生为“零距离”“多口径”就业做好充分准备。

本教材由张宏燕和李艳担任主编，由朱学荣、凌永刚和薛景丽担任副主编，李超、王颖和张艳艳参与了本教材部分章节的编写工作。全书由吴秋懿、侯广文主审。

本教材在编写过程中得到了许多专家和同仁的支持和帮助，并参阅了大量著作，因不便一一致谢，在此向帮助、支持和关心本教材编写的各位专家、同仁以及著作者致以诚挚的谢意。由于编写时间仓促，加之个人能力、学识有限，书中难免有疏漏不足之处，真诚期盼广大专家、学者及师生同仁提出宝贵意见。

编　者

目录 CONTENTS

第三篇　职业写作能力训练

第一篇　基础写作能力训练

第一章　应用文写作概述

教学目标

知识目标：掌握应用写作的内涵、种类、要素及相关写作知识。

能力目标：掌握应用写作的主旨、材料、结构、语言等相关写作技法。

素质目标：区别应用写作与文学类写作不同的文体特征；提高文字表述能力。

章节序言

所谓写作，是人们运用语言符号将写作主体对主观世界和客观世界的感受、认识有选择地记录、呈现出来的文字表述活动。应用写作是一种以实用为目的的写作，作为写作学的一个重要分支，应用写作区别于文学类写作，不具备审美性、娱乐性等文学特征，其最典型的特征即实用性与应用性，直接服务于生活、学习及工作，是当代大学生必须掌握的一种写作技能。所以著名教育家叶圣陶先生说："大学毕业生不一定要写小说、诗歌，但是一定要能写工作和生活中实用的文章，而且非写得既通顺又扎实不可。"

知识扫描

一、内涵

关于应用文学界一般的定义为：应用文是国家党政机关、企事业单位、社会团体及个人在日常工作、学习及生活中办理公共事务和私人事务所使用的，具有实用价值、格式规范的常用文书。

(一)应用文的写作主体。应用文写作的主体有国家党政机关、企事业单位、社会团体及个人，主体范围非常广泛，大到国家机关，小到团体个人都可以使用应用文来办理事务，这说明了应用文在当今社会使用的广泛性及重要性。

(二)应用文的使用范围。应用文的具体应用领域包括日常工作、学习及生活中的公、私事务。

(三)应用文的文体特征。"文体特征是在写作实践中自然形成的，文体在逐渐趋于稳定、成熟、确定后，就会相对独立、静止，具有约定俗成的强大的规约性。"应用文的文体特征主要表现在以下四个方面。

1. 价值的实用性。应用文是为解决某个具体问题或处理某项具体工作而撰写的，是在社会生活中有着特定用途的文章。其区别于文学类写作的本质特征在于价值的实用性。

2. 内容的真实性。应用文的内容特点具体表现为真实性，忌天马行空、胡编滥造，特别是在材料的选择上一定要进行充分的调查研究，尽可能掌握第一手资料，确保行文内容的真实有效。

3. 格式的规范性。应用文的写作格式相对规范，是人们在长期的应用写作实践中总结出来的一种约定俗成的写作定式，规范的应用写作便于流通和管理。

4. 语言的模式性。应用文的语言特点具体表现为应用文在行文表述上通常带有一定的模式性，不同的文种会有自身特定的写作模式，如因果逻辑、事理逻辑等，注重整体性。

二、种类

应用文的种类繁多，按照不同的划分标准可以得到不同的应用文的种类。学界通行的几种分类方法如下：

(一)按照应用文所使用的范围及领域，可以将应用文划分为通用类文书和专用类文书两种。

1. 通用类应用文指人们在办公或办事中普遍使用的文书。

(1)行政公文类文书：如命令(令)、决定、公告、通告、通知、通报、议案、报告、请示、批复、意见、函、会议纪要等。

(2)通用事务类文书：如调查报告、工作总结、述职报告、简报、计划、规章制度、会议材料等。

(3)个人事务类文书：如日记、读书笔记、信函等。

2. 专用类应用文指应用在不同的专业领域内专业性较强的文书。

(1)科技类文书：如毕业论文、学术论文、实验报告等。

(2)财经类文书：如市场预测报告、市场调查报告、经济合同等。

(3)法律类文书：如诉状、辩护词、公证书、判决书等。

(4)建筑类文书：如技术交底文件、施工日志、工程变更单等。

(5)策划类文书：如广告策划书、营销策划书、商务谈判方案等。

(6)求职类文书：如求职信、个人简历、竞聘词等。

(7)礼仪类文书：如请柬、祝词、贺词、欢迎词、演讲词、主持词等。

(二)按照应用文不同文种的性质可以分为：

1. 祈请性文书：请示、报告、批复等。

2. 筹划性文书：计划、总结等。

3. 知照性文书：通知、通报、通告、公告等。

4. 职业性文书：求职信、辞职函等。

5. 经济性文书：经济合同、市场调查报告、条据等。

6. 法律性文书：起诉状、答辩状、上诉状、申诉状等。

7. 会务性文书：会议记录、会议纪要等。

《建筑应用写作实训教程》在文种的分类上做如下安排：

首先按照写作基本原理将应用写作分成三个不同的写作层次。

(一)基础写作能力训练。基础写作能力训练侧重应用写作的基础能力训练，如应用写作的基本要素训练、应用写作的基本原理训练、应用写作的基本步骤训练等，为通用写作及职业写作奠定坚实的理论基础，培养基础应用写作素养。

(二)通用写作能力训练。通用写作能力训练主要是在基础写作能力训练基础上培养各个专业领域范围内通用文种的写作能力，这些通用文种间没有特别明显的专业界限，是从事各行各业都需要具备的通用写作能力。

(三)职业写作能力训练。职业写作能力训练是在基础写作能力训练和通用写作能力训练的基础上进行的专业文本写作能力训练，主要涉及的是专业领域范畴内的职业文书写作。旨在培养学生的职业写作规范，提高学生的职业写作能力。

其次将每个写作能力层次分为具体的应用文写作模块。

(一)基础写作能力训练。

1. 应用文写作概述。

2. 应用文写作要素。

3. 应用文写作原理。

4. 应用文写作步骤。

(二)通用写作能力训练。

1. 筹划性文书写作。

2. 知照性文书写作。

3. 祈请性文书写作。

4. 科技性文书写作。

5. 会议性文书写作。

(三)职业写作能力训练。

1. 行政文书写作。

2. 职业文书写作。

3. 法律文书写作。

4. 经济文书写作。

5. 建筑文书写作。

最后选用典型文种作为每个写作模块的应用写作教学内容。

(一)基础写作能力训练。

1. 应用文写作概述：内涵、种类等。

2. 应用文写作要素：材料、主旨、结构、语言等。

3. 应用文写作原理：选材、立意、谋篇、构思等。

4. 应用文写作步骤。

(二)通用写作能力训练。

1. 筹划性文书写作：计划、职业规划、活动策划、总结等。

2. 知照性文书写作：通知、通报、通告、公告等。

3. 祈请性文书写作：报告、请示、批复等。

4. 科技性文书写作：实践报告、毕业论文、学术论文等。

5. 会议性文书写作：开幕词、闭幕词、会议记录、会议纪要等。

(三)职业写作能力训练。

1. 行政文书写作：公文写作、公文处理等。

2. 职业文书写作：求职信、辞职函、申请书等。

3. 经济文书写作：招标书、投标书、经济合同、市场调查报告、条据等。

4. 法律文书写作：起诉状、答辩状、上诉状、申诉状等。

5. 建筑文书写作：施工日志、技术交底文件、工程变更单等。

实训课堂

1. 上网查阅有关应用文的相关资料，掌握应用文的概念、特点、种类等相关知识。

2. 了解应用文的发展沿革。

第二章　应用文写作要素

知识扫描

一篇规范完整的应用文一般是由材料、主旨、结构、语言四个要素组成的。

一、材料

所谓材料是指体现应用文主旨的感性形态的具体材料和理性形态的抽象材料的总称。它是构成文章内容并在文章中用于表现主旨的一系列事实、数据、信息或思想、信念、观点等。

材料的种类有很多，诸如直接材料、间接材料；现实材料、历史材料；中心材料、背景材料；事实材料、观念材料等。根据材料在表现主旨上的作用我们将材料主要划分为两种：一种是原始的、未经任何加工处理的原始材料，称之为素材；另一种是经过主旨加工、筛选、整合过的材料，称之为题材。

二、主旨

所谓主旨是指贯穿于应用文中的主要意图或目的，是通过文章的具体材料所表达出来的中心思想、基本观点或要说明的主要问题，是作者对客观事物的主观评价和态度，是应用文写作的灵魂和生命。

三、结构

所谓结构，本为建筑学用语，本义指建筑物的内部构造及整体布局，应用到文章写作中主要指文章内部的思路及组织格局。思路，是作者思维活动的运行轨迹；文章思路，就是作者思维的具体“路线”。按照思路写成文章，就是组织结构，即文章内部的组织构造和相互联系。

四、语言

语言是思维的载体。应用文写作的语言是一种实用语言，是一种只传达实用内容的语言，区别于文学语言的多义、模糊，应用文写作的语言一般要求准确、简明、平实、得体。多用专业术语。

案例评析

关于举办团干部培训班的请示报告

县委：

目前我县团干部队伍的现状与形势和任务的要求极不适应。据调查，全县专职团干部中36岁以上的40名，其中41岁以上的28名，大大超过了有关规定。从文化水平来看，大专文化的仅占6%。而且近年来，团干部更新较快，每年平均30%左右。在新老交替过程中青黄不接的现象也较为突出。

为了改变这种状况，我们曾办过几期团干部培训班，很受欢迎。现在根据我们的师资能力，拟于今年10月至明年4月再办一至二期团干部培训班。具体意见如下：

(一)培养目标：培养具有一定马列主义、毛泽东思想基础理论水平和党的政治思想水平，较全面地掌握青年工作理论和团的业务知识，热爱团的工作，思想正派的团委书记和专职团干部。

(二)培训时间：3个月左右。

(三)内容和安排：①马列主义、毛泽东思想基础理论，约占总课时的65%；②团的工作理论，约占总课时的30%；③其他方面知识，约占总课时的5%。考试及格者，发给毕业证书，承认学历。

(四)学员条件：拥护党的三中全会以来的路线、方针、政策；作风正派；热爱团的工作，有创新和献身精神；具有一年以上的团的基层工作经验，有初中或相当于初中的文化；年龄不超过25岁；身体强健。

(五)招收人数和报名办法：本次共招收40名，由各乡、直属单位、各系统的党委(组)和团委推荐，报县团委批准，填写一式两份的报名表。报名7月20日截止。

为了适应飞速发展的新形势的需要，加强团干部队伍的整体素质，完成培养有理想、有道德、有文化、守纪律的一代共产主义新人的使命，关键是建设一支符合四化要求的团干部队伍。办这个培训班就是为了这个目的。

以上意见，如无不妥，请转发有关单位。

××县团委

××××年××月××日

【评析】

1. 文种不规范

请示和报告是两种不同的文体，各自有自己的功能和写作要求。凡有请求事项，需要指示、批准的，均为请示，不得写成“报告”，也不得写为“请示报告”。这篇公文应该是“请示”，必须将标题中的“报告”二字删去。

2. 违反有关法规

不经国家正规的学历教育，不能获得毕业证书。学校之外的任何单位，都无权发毕业证书。否则，即使有所谓的证书，也不会被承认。而仅经县级团委三个月的短期培训，就“发给毕业证书，承认学历”的说法，明显违法。

3. 内容含混，分寸失当

文中“拟举办一至二期团干部培训班”这句话，含混、不确定，显得想法很不成熟。应该在有了明确的计划和安排之后，再向上级请示，否则上级不好批复。另外，从本文的前几段的内容和口气看，办培训班的事还有待县委同意，可是后面居然说“报名7月20日截止”，要求“转发有关单位”，似乎不容置疑，显然分寸失当。只有办理上级批准的或者上级交办的事项，才能写入上述内容。

4. 结构紊乱

本文主体的最后一段是行文的目的，应该在开头出现。出现在主体的最后很不合理，造成了结构的紊乱。

5. 语言不够准确

正文第二自然段“我们曾办过几期团干部培训班，很受欢迎”这句话，其中“很受欢迎”应该改为“效果很好，培养了多名称职的团干部”。第一条的“培养目标”跟培训对象相混淆，与后文搭配不当。第四条最后的“身体强健”，应为身体健康。最后“请转发有关单位”，“转发”应为“批转”。

6. 层次标序有误

国务院办公厅《公文处理办法》规定：结构层次序数，第一层为“一、”，第二层为“(一)”，第三层为“1”，第四层为“(1)”。本文只有一层，应标为“一”。

第三章 应用文写作原理

知识扫描

应用文写作的基本原理通常包括选材、立意、谋篇、构思四个部分。

一、选材

选取应用文写作材料的标准是选择真实、可靠、典型、新颖的材料。真实是指材料准确、信息无误；可靠是指材料的来源必须可靠，最好是第一手直接资料而不是间接资料，因为资料的可靠程度直接决定着分析数据的准确性及制定相应措施的可行性。典型是指材料的选取要尽量选择点面结合的材料、对比材料、正反材料、定性材料和定量材料等可以直接反映问题或直指问题本质。新颖是指尽量选取有时代感的材料，能表现事物的发展变化趋势，反映客观事物的最新面貌，如新人、新事、新思想、新成果和新问题。

二、立意

应用写作的主旨一般要求单一、明晰、正确、实用。单一是指应用文书不可多中心，要求主旨集中单一，内容单一，一文一事；明晰是指应用文书的主旨不能像文学作品的主题那样含蓄隐晦，必须清楚、明白、突出，赞成或反对、提倡或禁止、肯定或否定，都一目了然；正确是指符合国家的法律、法规，符合党和国家的路线、方针、政策，符合客观实际情况，能反映客观事物的本质规律，经得起实践和时间的检验；实用是指应用文的主旨是直接拿来办事的，既要有对现实的针对性又能明确体现领导工作意图，可以直接应用于现实生活。

主旨的生成通常有以下几种途径：

其一，广泛、深入地阅读材料后概括归纳出材料中反映的突出问题或核心内涵。

其二，客观、深入地挖掘事物的内在本质，透彻地分析问题后得出对对象的主观认识或评价。

其三，密切联系时代主题。

其四，深刻地领悟领导意图。

其五，比较同类作品后拿出新意。

三、谋篇

应用文写作常用的结构类型有横式结构、纵式结构及综合式结构等。

具体结构的安排原则主要体现以下几个基本原则：

其一，结构的安排要符合事物本身的内部规律及事理的逻辑性需求，力求准确、深入地反映客观问题。

其二，结构的安排要密切结合主旨的需求，一切为主旨服务。

其三，结构的安排还要适当地考虑文体特征，不同的文种有自己适合的结构特征，这一点是应用写作主体要在写作实践中不断探寻和追求的；最后，结构的安排还要结合写作主体的写作能力，尽量选取自己能够胜任或把握的结构来组织文章。

应用文写作的结构要求正确处理开头和结尾、层次和段落及过渡和照应等结构要素，好的文章结构应该是层次清晰、段落分明、前后照应的有机整体。

四、构思

构思更重要的是指在语言层面斟酌如何刻化内在思维成果，然后落笔成文。应用文的语言一般要求准确、简明、平实、得体。

准确是指应用文书语言严格遵照其意义；严格遵循语法规则，不能曲折隐晦、含糊其辞、模棱两可。

简明是指应用文书不追求纤毫毕现的细节展示。应用文书的表述，只求抓住关键、抓住要点，进行简明扼要的述说。

平实是指应用文书只适当运用比喻、对偶、排比等常规修辞格；一般不采用夸张、通感、暗示等修辞格，语体平实易懂。

得体是指不同的文种有不同的语言风格，要学会恰当地使用语言。如指挥性公文的命令、决议、决定注重庄重严肃；法规、规章和管理规章文书讲求严谨、确切、利落；计划性文书必须实在、周密、可行；会议报告应富于鼓动性等。

案例评析

国家安全监管总局　国家煤矿安监局

关于××两起煤矿重大事故的通报

各产煤省、自治区、直辖市及新疆生产建设兵团煤矿安全监管部门和煤炭行业管理部门，各省级煤矿安全监察机构，司法部直属煤矿管理局，有关中央企业：

10月29日19时15分，××省××市××煤矿发生透水事故，目前已造成1人死亡，还有20人被困井下。该矿为乡镇煤矿，设计生产能力15万吨/年，正在进行技改。初步分析，事故的原因是：该矿在技术改造期间，未形成完整的生产系统就违法进行生产，多头作业，在接近老空积水区域未进行探放水，掘进作业导通老空积水，致使在运输下山作业的人员被煤泥淤埋。事故的详细原因待进一步调查。

10月29日20时左右，××省××县××煤矿发生瓦斯爆炸事故，现已造成23人死亡，初步核实井下仍有6人被困。该矿为国有地方煤矿，核定生产能力33万吨/年，属低瓦斯矿井。该矿被××煤矿安全监察局××分局责令停产整顿。初步分析，事故的原因是：该矿井下2 801回采工作面排水能力不足，回风巷口积水阻断风流，致使工作面积聚大量瓦斯；在更换排水泵、增加排水能力后，随水位下降，工作面积聚的瓦斯在全负压的作用下沿回风巷排出，遇火源发生爆炸。事故的详细原因待进一步调查。

以上两起事故暴露了当前一些地区煤矿隐患排查不细致、通风瓦斯管理混乱、水害治理措施不落实等突出问题，同时也暴露出有关单位对技改、停产整顿矿井安全监管不扎实，存在薄弱环节和漏洞，事故伤亡惨重，社会影响严重。为深刻吸取事故教训，抓好各项安全措施的落实，坚决遏制重特大事故的发生，确保煤矿安全生产形势稳定好转，特提出以下要求：

一、规范矿井资源的整合和技改工作。各地要按照“提高门槛、严格准入，打击非法、淘汰落后，整合资源、提升档次，大矿托管、提高水平，明确责任、严格监管”的工作体系，按照“十一五”后三年小煤矿整顿关闭规划，抓紧完成今年的整顿关闭任务。要进一步规范资源整合，纳入资源整合的矿井必须是合法矿井，已关闭矿井和资源枯竭矿井一律不得纳入整合范围；对纳入资源整合的矿井，必须先关闭后整合，坚持以大并小、以优并差，提高办矿规模和安全、装备、技术管理水平。要严把煤矿新建项目审批关，坚决防止小煤矿低水平盲目重复建设，煤矿建设项目监理和施工单位都要具备相应资质，施工单位主要负责人、安全管理人员、特种作业人员必须持证上岗；要加强对煤矿建设项目的监管，对安全设施设计未经审批的项目，要责令建设单位停止施工；对新建煤矿边建设、边生产的，改扩建煤矿在施工区域进行生产的，要立即责令停产整顿并盯住不放。

二、切实加大水害防治工作力度。煤矿企业要切实加强矿井防治水工作，按照“预测预报、有疑必探、先探后掘、先治后采”的防治水原则，落实“防、堵、疏、排、截”五项综合治理措施。采用适合本矿井的物探、钻探、化探等先进的综合探测技术，采掘工程施工前要查清本矿和邻近煤矿水害隐患情况，尤其是采空区积水情况。要健全矿井排水系统，有足够的排水能力和水仓容量。各地要加大对煤矿防治水情况的检查，凡排水能力不够的矿井，一律不得生产；凡采掘工作面未按规定采取有效探放水措施的，一律不得生产，经采取措施确认隐患消除，经县级以上地方政府负责煤矿安全生产监督管理的主管部门组织验收合格后方可恢复生产；凡开采防水煤柱的矿井，一律责令其停产整顿，限期整改，整改不符合要求的，提请地方政府依法实施关闭。

三、全面强化通风瓦斯管理工作。煤矿企业要加快建设“通风可靠、抽采达标、监控有效、管理到位”的煤矿瓦斯综合治理工作体系，落实通风、瓦斯管理的各项规章制度，确保矿井通风系统畅通、稳定可靠。要定期检查矿井所有巷道通风状况，严防巷道积聚瓦斯；如由于巷道积水、冒顶等因素堵塞巷道、影响通风的，必须及时恢复，并制定专项安全措施进行瓦斯排放，确保通风安全可靠。煤矿复产复工前必须制定送电、恢复通风和排放瓦斯的安全措施，瓦斯排放必须由专业救护队伍实施，严禁未排放瓦斯就下井作业。要加强瓦斯检查，所有的采掘工作面以及存放机电设备、有作业人员的地点都要进行瓦斯检查，防止瓦斯超限，严禁超限作业。要加强对瓦斯监测系统的日常维护、检查，瓦斯传感器要定期调试、校正，监控设备要每天进行检查，保障系统正常运行。

四、深化隐患排查治理工作。煤矿企业要落实安全生产隐患排查治理的主体责任，按照“隐患治理年”的总体部署和“治大隐患、防大事故”的总体要求，把隐患排查治理工作制度化、经常化，定期全面深入排查治理煤矿各生产系统、各环节存在的隐患，尤其是要将重大瓦斯、水害隐患作为隐患排查治理工作的重中之重，及时发现问题、解决问题、消除事故隐患。对排查出的各类隐患，要明确责任、规定整改期限，确保整改到位。对隐患整改要实行分级跟踪检查，发现隐患排查整改不落实的，要严肃追究有关责任人的责任；有重大事故隐患的煤矿，应当立即停产整顿，由地方政府有关部门实行挂牌督办。对存在重大隐患不能有效治理的矿井，要提请地方政府依法实施关闭。

五、进一步加强煤矿安全监管监察工作。各级煤矿安全监管、煤炭行业管理部门和煤矿安全监察机构要正确认识当前煤矿安全生产形势，进一步增强紧迫感、危机感和责任感，切实加大安全生产执法力度，推进企业安全生产主体责任的落实，有效防范各类事故发生。同时，要结合后两个月煤矿安全生产工作的特点，严防煤矿超能力、超强度、超定员生产，严防技改矿井、停产整顿矿井违法生产或无证盗采煤炭资源、超层越界开采等非法违法行为。驻地煤矿安全监察机构要抓紧进行事故调查，依法依规、实事求是地查清事故原因，按照“四不放过”的原则，严肃追究事故责任人的责任，并向社会公布，用事故教训推动工作。请地方各级煤矿安全监管部门立即将本通报转发到辖区内所有煤矿。

国家安全监管总局

国家煤矿安监局

二〇〇八年十月三十一日

【评析】 这是一份典型的批评性通报。标题由发文机关、事由、文种三要素组成。主送机关处有多个受文机关。同类型、相并列的机关之间用顿号间隔，不同类型、非并列关系的机关之间用逗号间隔。正文依次简要介绍两起重大事故的当前情况、事故单位的基本情况，初步分析事故原因。再对两起事故进行评析，揭露在煤矿安全工作方面存在着一些比较普遍而突出的问题，体现了批评性通报“剖析根源，归纳教训”的写作要求。在指出事故危害性质的基础上，从五个方面提出具体的整改要求，对症下药，切合实际。末尾以要求相关部门立即转发本通报作结，态度果断，语气坚定，也从一个侧面体现了通报的时效性。落款处写上发文单位机关，用汉字书写发文日期。

第四章　应用文写作步骤

知识扫描

应用文写作的基本步骤通常包括三个阶段，即“履端于始，则设情以位体；举正于中，则酌事以取类；归余于终，则撮辞以举要”(《文心雕龙·熔裁》)，意指构思文章要确定三个准则来依次进行：首先要圈定要表达的情理，然后根据情理找到适当的体裁；其次要选择事例，使文章的情理通过典型的事例表现出来；最后要选炼文辞来突出文章的要义。以此归纳应用写作基本步骤如下：

首先，要根据应用文写作的基本主旨确定不同的应用文种；

其次，根据文种写作需求选取典型事例或材料；

最后，构思结构和语言，彰显应用文写作主旨要义。

实训课堂

【材料】 2006年7月24日上午，××市工商局××工商分局接到群众电话举报，在该分局辖区某居民小区3号楼有一伙人正在从事传销活动。该工商分局迅速组织10名工商执法人员，联合公安部门前往检查。到达现场，发现有近200人正聚集在一间大会议室里听课。执法人员在出示执法证件后，将正在讲课的姚××控制住。正当执法人员欲将听课人员带离现场时，姚××煽动听课人员闹事，场面顿时大乱，近200名听课人员对10余名工商、公安执法人员围攻谩骂，大打出手。在长达20余分钟的殴斗中，有7名工商人员和3名公安干警被打伤，其中2人重伤。工商执法人员李××在送往医院途中，因伤势过重，不幸身亡。事件发生后，引起了当地党委、政府和工商分局领导高度重视，分别前往医院探望受伤的执法人员，慰问家属，并指示要尽快破案，严惩凶犯，同时做好家属的安抚工作，积极救治受伤人员。目前，犯罪嫌疑人姚××畏罪潜逃，参与闹事的张××等14人已被公安机关逮捕，此案正在进一步处理中。

1. 根据以上素材，以该工商分局的名义向市工商局写一份情况报告。

【提示】

××市工商行政管理局××工商分局

关于在查处传销活动中遭遇暴力抗法的情况报告

××市工商行政管理局：

7月24日，我局接到群众举报，反映辖区某居民小区有人从事传销活动。分局遂派执法人员联合公安干警对举报现场进行查处。在案件查处过程中，由于授课人——传销头目姚某煽动不明真相的传销人员，对联合执法人员进行了围攻殴打，造成执法人员严重伤亡。现将有关情况汇报如下：

7月24日上午，我局12315申诉举报中心接到群众电话举报，在分局辖区某居民小区3号楼有一伙人正在从事传销活动。我局迅速组织10名工商执法人员，联合公安部门前往检查。到达现场，执法人员发现有近200人正聚集在一间大会议室里听课。执法人员随即出示执法证件，并将正在讲课的姚某控制住。正当执法人员欲将全部听课人员带离现场时，姚某煽动在场的听课人员闹事，场面顿时大乱，近200名听课人员对10余名工商、公安执法人员围攻谩骂，大打出手。在长达20余分钟的殴斗中，有7名工商人员和3名公安干警被打伤，其中2人重伤。工商执法人员李某在送往医院途中，因伤势过重，不幸身亡。

事件发生后，分局领导迅即前往医院分别探望慰问受伤的执法人员和殉职人员家属，并迅速向当地党委、政府领导做了汇报。当地党委、政府领导已指示司法机关尽快破案，严惩凶犯，同时努力稳定殉职人员家属的情绪，积极救治受伤人员。目前，犯罪嫌疑人姚某畏罪潜逃，参与闹事的张某等14人已被公安机关逮捕，此案正在进一步处理中。

特此报告！

××市工商行政管理局×工商分局（印章）

二〇〇六年七月二十四日

2. 请以××市工商局的名义，就该事件向所属县工商局、分局及市局各执法单位拟发一份关于严格执法程序、确保执法人员人身安全的通知。

【提示】

关于严格执法程序确保执法人员人身安全的通知

各县工商行政管理局、分局，市局各科、室、所、直属单位：

7月24日上午，市工商局××工商分局与公安部门联合查处一起传销活动中，联合执法人员遭到不法人员围攻殴打。致使7名工商人员和3名公安干警受伤，其中2人重伤，另有一名执法人员因伤势过重不幸牺牲。

为严格执法程序，确保全市系统广大执法人员的人身安全，防止在行政执法活动中遭受暴力抗法事件的发生，现通知如下：

一、统一思想，提高认识，切实消除“重主体，轻程序”的错误观念。

二、深化教育，狠抓培训，不断提高执法人员执行执法程序的能力和水平。

三、高度重视，采取措施，确保执法人员人身安全。

特此通知！

××市工商行政管理局（印章）

二〇〇六年七月二十四日

3. 以××市工商局的名义，就是否授予在此事件中殉职的执法人员李某烈士称号问题，向省工商局写一份请示。

【提示】

××市工商行政管理局
关于追认李某同志为革命烈士的请示

省工商局：

7月24日，××市工商局××工商分局根据群众举报，在联合公安机关依法查处辖区某居民小区非法传销活动时，因传销头目姚某煽动不明真相的传销人员对联合执法人员进行了围攻殴打，造成执法人员人身伤亡，其中李某同志因伤势过重，不幸殉职。

（李某同志的一贯表现、生平事迹、请示事项略）。

妥否，请批示。

××市工商行政管理局（印章）

二〇〇六年七月二十六日

第二篇　通用写作能力训练

第五章　筹划性文书写作

教学目标

知识目标：了解筹划性文书、知照性文书、科技性文书、祈请性文书、会务性文书等通用文种写作的相关知识。

能力目标：掌握筹划性文书、知照性文书、科技性文书、祈请性文书、会务性文书等通用文种的写作技能。

素质目标：提高通用写作能力，提高综合职业竞争力。

章节序言

"筹"，统筹、筹划、筹备之谓也；"划"，计划、规划、策划之谓也。所谓筹划性文书是指人们用于日常生活、工作及学习中的一种对某项具体工作或行为做出统筹规划性或反思总结性的应用文书形式，其典型文种如计划、总结等。这种文书形式最典型的特征即对行为的指导意义，用在行为发生前的计划可以让人的行为在科学理性的思维指导下进行，用在行为发生后的总结可以为下一次的行为或活动总结成功的经验或失败的教训。古人云："凡事预则立，不预则废。"有了周密的计划，工作就有了明确的目标和具体的步骤，就可以增强自觉性、主动性，减少盲目性、随意性，使工作有条不紊地进行，有效地提高工作效率，并达到最佳效果。有了翔实的总结，就可以为今后的工作积累经验，并在反思中进取、前行。从这个意义上讲，筹划性文书已成为当今大学生入职前必备的一种文字表述能力。

第一节　计　划

知识扫描

一、内涵

计划是党政机关、社会团体、企事业单位预先对一定时期的工作、学习、生活等做出科学性部署或安排，并以书面形式呈现出来的一种典型的筹划性文书。

二、特点

(一)较强的预见性。计划是事前行文，计划中所提出的任务、目标，所制定的措施、步骤，虽然有现实依据，但都是对未来行动的预想和策划。可以说，没有预见就没有计划。只有高瞻远瞩，正确分析各种有利因素和不利条件，才能对事物的发展趋势和所能达到的目标，做出科学的预测。

(二)明确的目的性。每份计划拟订时都有明确的目的，辅以切实可行的措施、步骤。计划本来就是为了避免行动的盲目性而制定的，没有明确的目的，就谈不上计划。

(三)目标的理想性。计划中提出的目标需适当高于现实生活，这样才会有效地调动计划实施过程中主体的积极性、主动性和自觉性，为目标而努力。

(四)措施的可行性。必须重视措施的可行性，其目标、措施都必须建立在必要而且可能的前提下，有效地指导工作。它所规定的任务要求，不是凭空想象、盲目而无根据的，而是切实可行，经过努力完全能做到的。只有措施得力，方法得当，步骤具体、周密合理，才能达到预期的目的。

三、种类

计划是一个统称，由于内容的详略、范围的大小、时间的长短等方面的差别，往往选用不同的名称。这些名称常见的有规划、纲要、设想、工作安排、打算、工作意见、工作要点等都属于计划。

计划所制定的任务比较单一或时间比较具体，并限期完成，有强烈的约束性。

规划、纲要是蓝图式的长远计划，适用时间较长，规模较广，内容比较概括，是涉及面较广，适用时间较长(三年以上)，又比较全面、有原则地展现某一项较大的工作、工程或生产的大轮廓。

设想，是初步的、预备性的、有待于进一步完善的非正式计划，是为长远的工作或某种利益着想所做的非正式的、粗线条的计划。

工作安排，是预定短期内要做的、内容较为具体的计划，适用时间较短，内容较具体，范围较小，一般用于单项的具体工作。

打算，是准备在近期要做的事情，而对其中的指标或措施等考虑得还不很周全的计划。

工作意见，常用于上级对下级布置一个阶段的工作或某项主要任务，需要交代政策，提出具体要求或意见。

工作要点，是上级对下级布置任务、交代政策提出的一种扼要的、概括的计划，一般只是原则性的安排，不介绍具体做法。

四、写法

计划的写法无统一规定，其写作随事立体、循理布局。单位较大、时限较长、内容较丰富的计划，多采用文件式或条文式写法，一般由标题、正文、落款三部分构成。

(一)标题。标题，即计划的名称，写在第一行正中。完整的计划标题要求写明单位名称、适用时间、计划内容、文种等四项，如《××大学 2015 年党风廉政建设工作要点》。如果计划只限于本单位使用，标题中可不写单位名称；如果是个人计划，则不将名字写在标题中，而是写在标题下或写在落款处；如果是征求意见稿或讨论稿，要在标题后或下方注明“征求意见稿”、“讨论稿”、“草稿”、“草案”等字样，并加圆括号。

(二)正文。正文即计划的内容，一般包括以下三部分：

1. 开头部分。计划的开头通常称为“序言”部分，要求简要说明制定计划的目的要求、指导思想、理论依据等，这是制定计划的立足点和出发点。表述时一般用“为了……”、“根据……”之类的介宾结构起句。最后用“为此，特制定计划如下”等过渡语转入主体部分。内容简单的计划或短期安排，可以不写这部分，直接写计划的主体部分。

2. 主体部分。计划的主体部门是计划的核心和重点。一般要讲清楚“三要素”，即目标(“是什么”)、措施(“怎么做”)、步骤(“何时完成”)。目标，是计划要达到的工作要求和完成的任务指标，要写得具体、明确，忌空泛、笼统、含糊。如在说明任务要求时，不能只写“力争在产品产量和质量上有所提高，成本有所下降”，而应具体说明产量要达到多少，质量要达到什么标准，成本要降低多少。否则，就会造成执行中的困难，使计划成为一纸空文。措施，是执行计划时所采取的手段和方法。即运用什么手段，动员哪些力量，创造哪些条件，排除哪些困难等，表述时，要注意切实可行、具体有力，这是实现计划的保证，常言道，“十分计划，十二分措施”，只提目标，不提措施，计划就变成口号，目标就成不了现实，就好比要过河，如果没有解决过河的措施，如搭桥、造船等，就永远也到不了彼岸。步骤，是对计划进度的具体安排，包括工作程序和时间分配，要写得符合实际，安排合理，且具有可操作性，使计划得以有条不紊、按部就班地实现。

3. 结尾部分。计划的结语部分通常会提出注意事项，或强调工作中的重点和主要环节，或展望计划实施的前景，或提出希望或号召。

(三)落款。多数计划有落款，一般包括制定计划的单位名称或个人姓名以及制定日期。制定日期也可写在标题下方正中。

表格式计划，主要用表格形式来反映有关内容和项目。项目基本上是固定的，数字、数据按表格填写；条文加表格式计划，既有文字叙述，又有表格体现，一般以数字、数据表格为主体，文字说明为辅。这两种计划，都必须写清楚上述“三要素”。

计划的写作：
- 标题：单位名称＋适用时限＋内容要点＋文种名称(Name)
- 正文：
  - 前言：介绍基本情况，说明制定计划的目的和依据(Why)。
  - 主体：
    - 首先，目标和任务(What)
    - 其次，方法和措施(How)
    - 最后，实施步骤(When)
  - 结语：总结全文，表明态度，提出希望(End)
- 落款：制定单位名称＋制定日期

五、要求

(一)实事求是，留有余地。制定计划时不仅要考虑到实际工作的需要，而且要考虑到现实的可能。所提目标任务，不能过高，也不能偏低，既要有进取性，又留有余地。计划应是经过相当的努力之后达到的行动纲领或行为目标，形象点说应该是能让人跳一跳就够得到的"苹果"，再好的计划，如果脱离实际，只能是纸上谈兵。所以，应结合本单位、本部门的实际情况，制定切实可行的计划。

(二)内容要具体明确，具有可操作性。计划的目标、任务要具体明确，措施、步骤要切实可行，具有可操作性，切忌目标笼统，措施含糊，职责不明，分工不清。否则，执行时不得要领，检查时也缺少依据。

(三)条理清楚，段落分明。计划的行文和写作要严格遵循应用写作范式，严格遵循事理逻辑、因果逻辑等结构原理，条分缕析，脉络分明，布局合理，方便阅读、执行。

(四)语言简明扼要。计划以叙述和说理为主，语言要简洁明了，善于用深入浅出的语言说明复杂的事理，不作冗长的叙述和过多的议论。

案例评析

中共××大学委员会

关于开展《邓小平文选》学习活动的计划

《邓小平文选》是建设具有中国特色的社会主义的建设大纲，是制定党的路线、方针、政策的理论基础，是对马克思主义、毛泽东思想的继承和发展。遵照中央和××市委关于学习《邓小平文选》通知的精神，以及全国宣传工作会议的要求，全校师生员工都要认真学习《邓小平文选》，密切联系实际，切实解决一些带有根本性的问题，这是当前和今后一定时期内的中心任务。现将学习的计划通知如下：

一、目的与要求

(一)学习《邓小平文选》，要抓住实事求是这一马列主义、毛泽东思想的精髓。《文选》内容十分丰富，涉及政治、经济、科学、教育、文艺、统战、军队和党的建设等几个方面，而贯穿《文选》的一条红线，就是实事求是。《文选》中的这些论述，是对党的思想路线的高度概括，闪耀着马列主义的光辉，为我们学习和掌握实事求是这个基本原则树立了榜样。

(二)学习《邓小平文选》，必须深刻领会《文选》中关于解放思想，勇于实践，敢于突破那些陈旧的框框和模式，坚持一切从实际出发，坚持思想符合实际，主观符合客观的原则。

(三)学习《邓小平文选》，必须坚持理论联系实际的原则。在认真通读全书的基础上，联系思想实际和工作实际，深入领会文选的主要内容，特别要着重学习和领会建设有中国特色的社会主义这一基本思想，使全校广大师生员工，特别是各级党政负责同志，善于研究新情况，发现新问题，总结新经验，提出新办法，把各项工作推向前进，保证即将到来的全面整党工作的顺利开展。

（四）学习《邓小平文选》，要联系我校实际情况，在今年下半年的学习过程中，结合党的十二大、六届全国人大一次会议等文件，解决好下列几个问题：

第一，深刻领会教育是经济发展的战略重点问题。我们要百倍增强自身的责任感，全面贯彻党的教育方针和邓小平同志提出的办好教育的基本原则，努力把学校的各项工作搞上去。

第二，深刻领会关于改革的必要性和方针政策。

第三，深刻理解坚持四项基本原则和四项保证的意义，切实加强思想政治工作，保证教育事业的社会主义方向，更好地为建设高度的社会主义精神文明服务。

第四，深刻领会加强和改善党的领导，全面贯彻党的知识分子政策，建设好一支全心全意为人民服务，忠于教育事业的教师队伍和干部队伍的重要性。

（五）学习《邓小平文选》，是当前政治思想工作的主要内容。全校师生员工均应结合本职工作，从文选中领会新的精神，改进工作方法，提高工作质量，提高与党中央在政治上保持一致的自觉性，努力做好各项工作。

二、方法与步骤

从现在起，各总支、支部要把学习《邓小平文选》作为一件大事来抓，并带头认真学习。这次学习，以个人认真阅读《文选》为主，辅之以必要的讨论或专题报告。具体办法如下：

（一）校、处级党员干部，可以分为三个阶段进行：第一阶段（九月底以前），通读全书。第二阶段（十一月十日以前），围绕着建设有中国特色的社会主义国家和今年下半年我校重点解决的四个问题，结合选读《三中全会以来重要文件选编》《陈云文稿》和其他有关文件，进行深入地学习和专题讨论。第三阶段（十二月十日以前），结合本职工作，写出心得体会或改进工作方案和具体措施。

（二）一般党员、干部、教师，可以不分阶段，在通读全书的基础上，各支部应根据本单位的具体情况，选定专题，有组织、有计划、有重点地进行学习和讨论。

（三）后勤工人，可以根据不同情况，组织其学习中宣部规定的二十八篇或十二篇重点篇目（目录附后）。后勤总支要进行适当辅导。

（四）离休或退休老干部，可由老干部党支部单独组织学习。必要时，可回原单位共同学习。

（五）学生学习《邓小平文选》，由团委单独制定计划。

三、时间安排

（一）校、处级党员领导干部。暂定每星期六全天为集中学习讨论时间。

（二）一般党员、干部、教师。暂定每星期二、四下午为集中学习讨论时间（按校历周次，仍实行单、双周制。单周星期四下午，双周星期二、四下午）。

（三）工人因工作特点不同，可根据实际情况，由支部做个别调整，但每周不少于两个半天。

（四）老干部的学习时间，可以自行安排。

(五)学生暂定每星期四下午为学习时间。

四、措施

第一，各总支、支部要切实抓好《邓小平文选》学习的组织和领导工作，尤其要抓好讲师以上的教员和科级以上干部的学习。

第二，要指定专人负责《邓小平文选》的学习、督促、检查工作，及时总结和交流经验，表扬先进，推动学习。

第三，各总支、支部，可以根据本通知的精神，制定适合本单位特点的《文选》学习计划。

第四，在学习过程中，宣传部要为大家提供学习辅导资料。聘请专人作辅导报告，组织专题讨论和经验交流会。今年十二月底学习告一段落，要进行考核，具体办法另行通知。

××××年××月××日

【评析】 这是一则关于开展《邓小平文选》学习活动的计划，标题为完整式标题，即发文机关+事由+文种，正文在序言后分为四个部分，分别对本次学习活动的目的与要求、方法及步骤、时间安排及具体措施做出了部署和安排，条理清晰、结构严整、内容全面、语言简练，是一篇不错的计划。

实训课堂

1. 小强是一名刚刚入学的大一新生，和所有的大学生一样，他对自己的大学和未来充满了期待，为了能更快地适应大学生活，更好地掌握专业技能，他为自己拟定了一份大学学习计划。

要求：制作表格式计划书一份，要素齐备，格式规范，目标明确，措施得当，切实可行。

2. 2011年2月25日，国务院发布了《关于印发全民健身计划(2011－2015年)的通知》(国发〔2011〕5号)，要求各省、自治区、直辖市人民政府，国务院各部委、各直属机构认真贯彻执行。请为这份健身计划添加小标题。

全民健身计划(2011—2015年)

全民健身关系人民群众身体健康和生活幸福，是综合国力和社会文明进步的重要标志，是社会主义精神文明建设的重要内容，是全面建设小康社会的重要组成部分。为进一步发展全民健身事业，广泛开展全民健身运动，加快体育强国建设进程，制定本计划。

一、______________________

深入贯彻落实科学发展观，坚持体育事业公益性，逐步完善符合国情、比较完整、覆盖城乡、可持续的全民健身公共服务体系，保障公民参加体育健身活动的合法权益，促进全民健身与竞技体育协调发展，扩大竞技体育群众基础，丰富人民群众精神文化生活，形成健康文明的生活方式，提高全民身体素质、健康水平和生活质量，促进人的全面发展，促进社会和谐和文明进步，努力奠定建设体育强国的坚实基础。

二、______________________

到2015年，城乡居民体育健身意识进一步增强，参加体育锻炼的人数显著增加，身体素质明显提高，形成覆盖城乡比较健全的全民健身公共服务体系。

(一)经常参加体育锻炼人数进一步增加。城乡居民体育健身意识和科学健身素养普遍增强，体育健身成为更多人的基本生活方式。每周参加体育锻炼活动不少于3次、每次不少于30分钟、锻炼强度中等以上的人数比例达到32%以上，比2007年提高3.8个百分点；其中16岁以上(不含在校学生)的城市居民达到18%以上，农村居民达到7%以上，分别比2007年提高4.9和2.9个百分点。学生在校期间每天至少参加1小时的体育锻炼活动。提高老年人、残疾人参加体育锻炼人数比例。

(二)城乡居民身体素质进一步提高。城乡居民达到《国民体质测定标准》合格以上的人数比例明显增加。在校学生普遍达到《国家学生体质健康标准》基本要求，其中达到优秀标准的人数比例超过20%，耐力、力量、速度等体能素质明显提高。

(三)体育健身设施有较大发展。全国各类体育场地达到120万个以上，人均体育场地面积达到1.5平方米以上。市(地)、县(区)、街道(乡镇)、社区(行政村)普遍建有体育场地，配有体育健身设施。50%以上的市(地)、县(区)建有“全民健身活动中心”。50%以上的街道(乡镇)、社区(行政村)建有便捷、实用的体育健身设施。有条件的公园、绿地、广场建有体育健身设施。改善各类公共体育设施的无障碍条件，各类体育设施的开放率和利用率有较大提高。形成各级各类体育设施布局合理、互为补充、覆盖面广、普惠性强的网络化格局。

(四)全民健身活动内容更加丰富。大力开展田径、游泳、乒乓球、羽毛球、足球、篮球、排球、网球等竞技性强、普及面广的体育运动项目，广泛组织健身操(舞)、传统武术、健身气功、太极拳(剑)、骑车、登山、跳绳、踢毽、门球等群众喜闻乐见、简便易行的健身活动。

(五)全民健身组织网络更加健全。市(地)、县(区)普遍建有体育总会、单项体育协会、行业体育协会及老年人、残疾人、少数民族、农民、学生等体育协会。社区体育俱乐部、青少年体育俱乐部、妇女健身站(点)有较大发展。80%以上的城市街道、60%以上的农村乡镇建有体育组织。城市社区普遍建有体育健身站(点)，50%以上的农村社区建有体育健身站(点)。形成遍布城乡、规范有序、富有活力的社会化全民健身组织网络。

(六)全民健身指导和志愿服务队伍进一步发展。获得社会体育指导员技术等级证书的人数达到100万人以上，获得社会体育指导员国家职业资格证书的人数达到10万人以上。社会体育指导员综合素质和服务水平显著提高。广泛组织优秀运动员、教练员、学校体育教师开展义务健身辅导，培育全民健身骨干，形成组织落实、结构合理、覆盖城乡、服务到位的全民健身志愿服务队伍。

(七)科学健身指导服务不断完善。大力宣传推广科学健身方法，积极开展体质测定、运动能力评估。通过对公民进行日常体质测试，依据个人体质状况提供有针对性的科学健身指导服务，增强全民健身的吸引力，提高全民健身质量和水平。

(八)全民健身服务业发展壮大。形成规范有序的体育健身休闲市场，城乡居民体育健身消费意愿明显增强，体育健身服务从业人员较大增加，培育和形成一批实力雄厚、技术力量强的体育健身服务企业和品牌。研发推广适宜青少年、老年人、残疾人健身的便于进入家庭的健身设备器材。

三、______________________

（一）深入开展全民健身宣传教育。充分利用广播电视、平面媒体及互联网等新兴媒体，开办专栏，举办讲座，播发公益广告、宣传片、宣传画，出版科普图书、音像制品，普及知识，提高公民科学健身素养。借助"全民健身日"、重大体育赛事及各种体育活动加强宣传，倡导健康生活方式，开展"终身体育"教育，在全社会形成崇尚和参加体育健身的社会风气。中央电视台、中央人民广播电台要安排专门时段播放广播体操、健身操（舞）、传统武术、太极拳（剑）等普及健身活动的节目。

（二）大力发展城市社区体育。地方各级人民政府将城市社区体育工作作为社区建设的基本内容，统筹规划，加大投入，以城市街道和居住社区公共体育设施建设为重点，不断改善社区居民体育健身环境和条件，提供基本公共服务。街道办事处要发挥组织协调作用，建立体育健身指导站、体育俱乐部等体育组织，培育发展基层体育社团、民办非企业单位等社区体育类社会组织；推进社区体育健身站（点）规范化建设，扶持社区居民委员会提高体育服务能力，组织开展形式多样、广泛经常的社区体育健身活动。整合街道辖区单位、学校的体育设施、体育人才资源，做到优势互补、资源共享，推动社区体育与单位职工体育、学校体育共同发展。

（三）加快发展农村体育。地方各级人民政府将发展农村体育纳入当地全面建设小康社会和社会主义新农村建设规划，统筹城乡全民健身事业发展，促进城乡体育资源和公共体育服务均衡配置，逐步建成城乡一体化的全民健身公共服务体系，增强农村基层体育公共服务能力。充分发挥包括乡镇综合文化站在内的社区综合服务设施作用，利用好农村学校、企事业单位的体育设施和体育人才资源，在传统节日和农闲季节广泛组织农民体育活动，开展"体育下乡活动"，办好基层农民运动会。

（四）积极发展少数民族体育。建立健全基层少数民族体育协会。重视培养少数民族体育教师、社会体育指导员和高水平体育人才。在少数民族地区开展以民族优秀体育项目为主要内容的体育竞赛和活动，在学校体育课和课外活动中设置与优秀民族体育项目相关的教学内容。建立少数民族传统体育项目培训基地，发展"少数民族传统体育项目之乡"。办好少数民族传统体育运动会。

（五）切实加强青少年体育。坚持健康第一指导思想，把增强学生体质作为学校教育的基本目标和重要评价内容。健全学校体育工作机制和督导制度，提高体育教育、教学质量。全面实施《国家学生体质健康标准》，广泛深入开展"全国亿万学生阳光体育运动"，保证学生在校期间每天至少参加1小时的体育锻炼活动。积极开展课余体育训练，倡导科学、健康的体育健身和生活理念。办好各级各类体育学校、体育传统项目学校。加强青少年体育俱乐部、青少年校外体育活动中心和营地建设。建立和完善学校、社区、家庭相结合的青少年体育网络和联动机制。

（六）重视发展老年人体育。建立健全老年人体育协会、体育健身俱乐部、体育健身团队。广泛开展经常性的老年人体育健身活动，办好老年人体育健身大会。不断创新适合老年人特点的体育健身项目和方法。公共体育设施对老年人参加体育活动提供便利和优惠。老年人教育机构开设体育课程，老年人活动中心设置适合老年人体育活动的设施，社区服务兼顾老年人体育健身服务。鼓励、支持社会组织和个人兴办老年人体育服务机构和体育健身设施。

（七）大力推进残疾人体育。建立健全残疾人体育组织，培养为残疾人服务的体育教师和社会体育指导员，组织开展残疾人体育健身活动。实施"助残健身工程"，为残疾人建设就近方便的体育健身设施。公共体育设施进行必要的无障碍改造，为残疾人参加体育活动提供便利。研究开发适合残疾人身心特点的体育健身康复手段。特殊教育机构和普通学校要重视做好残疾学生体育工作，提供适合残疾学生特点的体育健身与体育康复项目。办好残疾人运动会和健身展示活动。

（八）着力推动职工体育。充分发挥行业体育协会、机关企事业单位工会、职工体育协会作用，广泛建立职工体育俱乐部和体育健身团队，开展符合单位特点和职工喜闻乐见的体育健身和竞赛活动。鼓励企业制定针对职工的体育健身指导方案，为职工参与体育健身提供必要的时间保障。坚持工间（前）操制度，开展国家体育锻炼标准达标测验和体质测试活动。有条件的单位可每年举办全民健身运动会。积极开展进城务工人员体育活动。创新职工体育发展模式和基层职工体育组织形式和活动方式，完善社区体育与职工体育互补机制。

（九）继续推行体育锻炼标准和体质测定标准。修订完善《国家体育锻炼标准》，采取多种形式广泛开展达标活动。研制国家残疾人体质测定标准，深入实施《国民体质测定标准》。积极推行各体育项目《业余运动员技术等级标准》。建立证书证章激励制度，引导和鼓励城乡居民经常、持久地参加体育健身活动，不断提高体质健康水平和体育技能水平。

（十）传承发展民族民间传统体育。重视民族民间传统体育项目的发掘整理和传播推广工作，弘扬民族传统体育文化。将优秀民族民间传统体育项目纳入"非物质文化遗产"名录，加以传承和保护。广泛开展民族传统体育教育活动，举办民族民间传统体育项目展示和竞赛活动，促进各民族、地区间交流，扩大民族民间传统体育的国际影响力。

（十一）广泛开展全民健身活动。遵循"因地制宜、业余自愿、小型多样、就近就便"的原则，组织开展以传统武术运动、冰雪运动、户外运动、群众登山、江河横渡、元旦登高、春节长跑、健身大拜年、妇女健身展示等具有品牌特色、形式多样、丰富多彩的全民健身活动，不断创新活动形式和内容，提高活动普遍化、经常化、科学化、社会化水平。

（十二）组织举办全民健身运动会。以深化体育大会改革为突破口，创新办赛模式，提倡勤俭办赛，减少重复建设，简化大型活动，坚持淡化锦标，重在参与、重在交流、重在健身、重在快乐；定期组织举办大中学生运动会、农民运动会、少数民族传统体育运动会等，充分调动和保护全民参与体育竞赛的积极性。

四、______________________

（一）加大各级财政全民健身事业投入。县级以上地方人民政府要按照《全民健身条例》

规定，将全民健身事业纳入本级国民经济和社会发展规划，将全民健身工作所需经费列入本级财政预算。留归各级体育主管部门使用的彩票公益金，应当根据国家有关规定主要用于全民健身事业，并加强监督管理。加强基础建设和重大全民健身活动的经费投入，对公益性全民健身事业单位和服务机构给予必要的经费保障。中央财政通过加大转移支付，支持农村、贫困地区和民族地区发展全民健身事业。有条件的地区可建立个人缴费和政府资助相结合的筹资机制，加大对全民健身事业的投入。

（二）鼓励社会兴办全民健身事业。充分调动全社会兴办全民健身事业的积极性，扩大社会资源进入全民健身事业的途径，多渠道增加全民健身投入。完善财政、税收、金融和土地等优惠政策，鼓励和引导社会力量捐资、出资兴办全民健身事业。体育行政部门要会同有关方面加强对经营性体育健身场所的监管。对社会力量兴办体育类民办非企业单位，要在注册登记、工作指导等方面提供支持和保障。社会力量通过公益性社会团体或县级以上人民政府及其部门用于全民健身事业的公益性捐赠，符合税法有关规定的部分，可在计算企业所得税和个人所得税时从其应纳税额中扣除。

（三）有计划地建设公共体育设施。国务院有关部门制定实施公共体育设施建设规划，引导和支持基层公共体育设施建设。县级以上地方人民政府要加强农村地区和城市社区等基层公共体育设施建设，特别要大力加强农村基础体育设施建设。按照国家有关公共体育设施用地定额指标规定，城乡规划和土地利用总体规划应保证城乡公共体育设施建设的用地需求。新建居住区要按照国家有关居住区规划设计规范标准，设计建设公共体育设施。设计和建设公共体育设施要严格执行国家有关无障碍设计建设规范标准。基层政府要监督落实。加大“全民健身活动中心”建设力度，拓展服务功能，规范管理建设“全民健身路径”，继续实施“农民体育健身工程”“雪炭工程”。充分利用公园、绿地、广场等公共场所和山水等自然条件，建设公共体育设施以及健身步道、登山道等户外运动设施。

（四）提高体育设施利用率。公共体育设施应当根据其功能、特点向公众开放，并在一定时间和范围内，对学生、老年人和残疾人优惠或者免费开放。学校在课余时间和节假日要向学生开放体育设施，并在保证校园安全的前提下，积极创造条件向公众开放体育设施。县级以上各级人民政府对向公众开放体育设施的学校给予经费补贴，为学校办理有关责任保险。新建和改建学校体育设施，要便于向公众开放。维修改造各类体校体育设施，使其成为全民健身活动场所。公园每天安排固定时段免费向公众体育健身开放。要积极创造条件将机关、企事业单位的体育设施向社会开放。对露天体育场，要创造条件免费开放；已经开放的，不得改为收费经营。公共体育设施管理单位要建立岗位责任制和工作目标管理责任制，加强对体育设施的维护更新，完善综合服务功能，提高使用效率。防止公共体育设施闲置浪费或被挤占、挪用。

（五）加强社会体育指导员队伍建设。建立健全社会体育指导员组织体系。充分发挥各级社会体育指导员协会的作用，做好对社会体育指导员培训、管理和服务工作。完善社会体育指导员技术等级制度，建立投入和激励机制，不断发展壮大社会体育指导员队伍，优化结构、增强活力。各级体育行政部门要提供培训经费，完善培训体系，创新培训方式，提高培训质量，为社会体育指导员开展工作提供必要条件和便利。积极发展职业社会体育指导员，完善社会体育指导员国家职业技能标准，严格按照有关规定开展职业技能培训和鉴定工作。以对高危险性体育项目进行健身指导为职业的社会体育指导人员，必须获得社会体育指导员职业资格证书并持证上岗。鼓励和支持退役运动员通过职业技能培训和鉴定，拓宽就业渠道，为全民健身服务。

(六)广泛开展全民健身志愿服务活动。动员社会力量积极开展全民健身志愿服务活动。形成以社会体育指导员为主体，优秀运动员、教练员、体育科技工作者、体育教师、体育专业学生和社会热心人士广泛参与的全民健身志愿服务队伍，丰富全民健身的内容，扩大竞技体育的群众基础。建立全民健身志愿服务工作体系和组织体系，健全注册管理和培训制度，普及相关知识，提高全民健身志愿服务队伍的专业化水平和服务质量。立足基层，示范推广活动与日常健身指导服务活动有效结合，推广实施多元化服务项目，形成全民健身志愿服务长效化机制，树立崇尚互助、强健体魄的良好社会风尚。

(七)不断加大科学健身指导的力度。健全体质测定服务机构，开展城乡居民日常体质测定和科学技术健身指导。依托全民健身活动中心和各类综合性体育中心，建立国家、省、市三级“体质测定与运动健身指导站”网络，为群众进行体质测定、运动能力评定，提供运动健身指导。宣讲科学健身知识，赠送运动健身书籍，教授运动健身方法，普及运动健身科学知识，并对群众体质水平和运动健身状况进行跟踪调查和科学研究。

(八)做好信息、科研和法制建设工作。加快全民健身公共信息服务网络建设，提高全民健身公共信息服务能力。建立全民健身基础数据统计体系，继续开展国民体质监测和全民健身活动状况调查。充分发挥体育科研机构和院校的作用，加强全民健身科研工作，组织对重大理论和实践问题的科研攻关，研制推广体育健身新项目、新方法，提高全民健身科学化水平。加快制定《全民健身条例》配套实施方案和政策措施，完善全民健身法规体系，加强执法监督检查。

五、________________________

(一)加强组织领导。本计划在国务院领导下，由体育总局会同有关部门、群众组织和社会团体共同推行，县级以上地方人民政府要依照本计划，结合当地实际制定本行政区域的《全民健身实施计划》，并责成体育主管部门会同有关部门和组织共同组织实施。

各级体育主管部门要切实提高认识，认真履行职责，积极探索全民健身工作的新思路、新办法，加强组织领导，落实政策保障、人员配备、资金投入、监督奖励等措施，并建立目标责任制，签订责任书，实行目标考核。

(二)加强成效评估。县级以上体育主管部门要会同有关部门不定期对《全民健身计划(2011—2015年)》和《全民健身实施计划》实施情况进行检查指导，并在2014年对实施成效进行全面评估，将评估报告报本级人民政府。地方各级人民政府要把全民健身工作列入重要议事日程，定期听取汇报，及时研究解决工作中的困难和问题。对为全民健身事业做出突出贡献的单位和个人进行表彰奖励。

中国人民解放军和中国人民武装警察部队可根据本计划，结合部队实际参照执行。

【提示】

一、指导思想

二、目标任务

三、工作措施

四、保障措施

五、组织实施

第二节　职业生涯规划

知识扫描

一、内涵

职业是参与社会分工，利用专门的知识和技能，为社会创造物质财富和精神财富，获取合理报酬，作为物质生活来源，并满足精神需求的工作。

职业生涯：是指人一生的职业历程。

规划：计划的一种，筹划性文书的典型文种之一。

职业生涯规划就是指个人与组织结合，在对一个人职业生涯的主客观条件进行测定、分析、总结的基础上，对自己的兴趣、爱好、能力、特点进行分析和权衡，结合时代特点，根据自己的职业倾向，确定最佳的职业奋斗目标，并为实现这一目标做出行之有效的安排。

大学生职业生涯规划是指大学生结合自身情况以及眼前的机遇和制约因素，确立职业目标，选择职业道路，确定教育、培训和发展计划等，并为实现职业生涯目标确定行动方向、行动时间和行动方案。

二、要素

职业生涯规划包含三个最基本的要素，即自我认知、环境认知和职业抉择。三个要素之间的关系可以用一个简单的公式来加以诠释：

职业生涯规划＝知己＋知彼＋抉择

“己”指个人的个性特征、职业兴趣、职业价值观、职业特长或职业技能等。

“彼”指与职业发展相关的社会环境、行业环境、就业形势等外在环境因素。

“抉择”指个人的职业目标确定、职业路径选择、职业发展方向等。常言道，“知己知彼，百战不殆”。成功的职业规划应该是在辩证分析外在环境和内在条件的基础上做出的科学的职业抉择和职业发展方案。

三、写作

职业生涯规划写作的基本流程如下。

(一)职业素质分析。自我识别和测评定位的主要内容是与职业相关的所有因素，包括兴趣、气质、性格、能力、特长、学识水平、思维方式、价值观、情商以及潜能等。简言之，要弄清：我是谁？我想做什么？我能做什么？

(二)职业环境分析。包括对社会环境、行业环境和组织(企业)环境等外在环境因素的分析。即要评估和分析职业环境条件的特点；发展与需求变化的趋势；自己与职业环境的关系以及职业环境对自己的有利条件和不利因素等。

(三)职业生涯目标的确定。职业生涯目标的确定是指可预想到的，有一定实现可能的最长远目标，包括人生目标、长期目标、中期目标和短期目标。一般我们可以首先根据个人素质与社会大环境条件，确立人生目标和长期目标，然后通过目标分解，分化成符合现实和组织需要的中期、短期目标(图 5-1)。

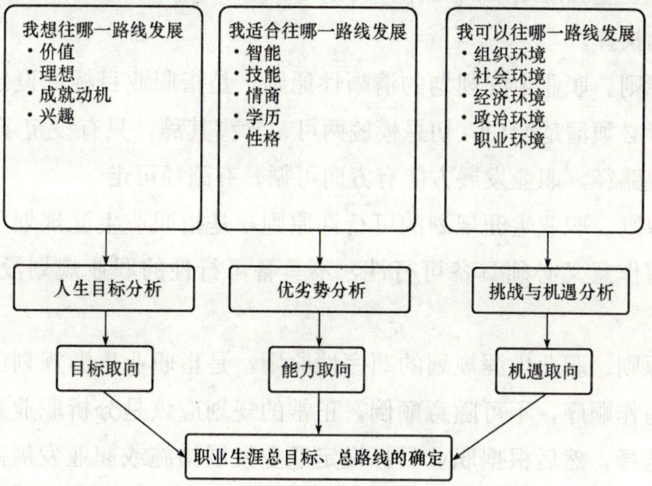

图 5-1　职业规划目标、路线分析过程图

(四)职业生涯策略与措施。所谓职业生涯策略与措施，指为实现职业生涯目标而制定的行动计划。应包括职业生涯发展路线、教育培训安排、时间计划等方面的措施。

(五)评估与调整。

1. 职业目标评估。人生的目标有时看起来遥不可及，但通过制定短期的目标、中期目标、长期目标，明日计划、下周计划、下月计划、明年计划，就变得极易实现了。我们能做的不是一步登天，而是脚踏实地，一步一个脚印，理想就变成了现实。

2. 规划调整的原则。

(1)定期检测预定目标的达成进度。

(2)每一阶段的目标达成之时，要依据实际效果修订未来阶段目标可采用的策略。

(3)客观环境改变影响计划的执行。

3. 其他因素评估。包括身体健康、家庭事业平衡等的评估。

4. 评估的时间。每天的计划当天评估。一年做一次评估规划，并在年头制定该年具体计划，逐月修订，将具体计划按照年、月、周细分，并做好总结工作。积极修正和合核策略和计划，保证目标有效实施。

四、要求

职业生涯规划书的写作要遵循以下几个基本原则。

(一)长期性原则。职业生涯规划的长期性原则，是指职业规划是关系一个人终身的职业发展趋向的策略性文书，其本质意义即在于对终身的职业发展做出科学、合理的规划，避免盲目性。所以职业生涯规划书的写作必须遵循长期性原则，着眼于职业生涯的长远发展。

(二)挑战性原则。职业生涯规划的挑战性原则，是指职业生涯规划中职业目标的设定要具备一定的挑战性，适当地高于现实生活，否则目标也就失去了对现实行为的督促和指导作用。所以，职业生涯规划书的写作，特别是职业目标的设定要结合具体情况做出富有挑战性和理想性的抉择。

(三)清晰性原则。职业生涯规划的清晰性原则，是指职业目标的设定及职业路径的选择等职业规划要素必须清楚明白，切忌模棱两可、含糊其辞，只有设定了清晰的职业目标，选择了清晰的职业路径，职业发展方能有方向可循，有路径可走。

(四)可行性原则。职业生涯规划的可行性原则，是指职业生涯规划从本质上讲是一种筹划性文书，其写作意义必须具备可行性，不具备可行性的职业规划没有任何现实意义，永远只是一纸文书。

(五)顺序性原则。职业生涯规划的顺序性原则，是指职业生涯规划的要素在写作过程中要遵循一定的写作顺序，不可随意颠倒，正常的规划应该是分析职业素质后结合职业环境做出职业目标选择，然后根据职业目标设定职业发展措施或职业发展路径，最后做出适当的职业评估或调整。

(六)适应性原则。职业生涯规划的适应性原则，是指职业生涯规划要素要适应个人、适应环境、适应时代、适应职业发展大环境，即职业生涯规划不能全凭爱好凭空设计，要根据时代环境、就业环境及职业环境等因素做出适合自己、适应时代、适应社会的选择，切记将个人独立于环境之外。

(七)层级性原则。职业生涯规划的层级性原则，是指职业生涯规划通常要遵循一种从形而上到形而下的层级性，具体分析如图 5-2 所示。

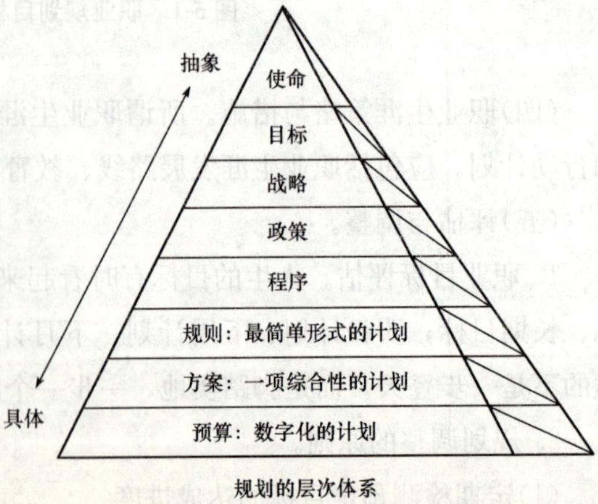

图 5-2 规划的层次体系

案例评析

个人资料

真实姓名：赵××

性别：男

年龄：21

籍贯：××省××县

所在学校及学院：××学院工学院

专业及班级：土木工程(工程造价)，10土木四班

学号：××××××

联系地址：××学院南校区，工学院，10土木四班

邮编：450000

联系电话：×××××××××

目　录

一、引言

作为当今大学生的我们，应当让自己的大学生活过得充实精彩，不能一日一日地消磨自己的光阴，不能荒废自己了，再也不要做白日梦了，要用行动来证明自己是真正的水手。大学是我们进入社会的中转站。在这人才竞争激烈的时代，为了生存，你不得不在大学期间学好专业知识、学好如何为人处世，来面对现实的社会。“凡事预则立，不预则废”，我们都拥有自己的梦想，而差别在于是否有规划有步骤地向梦想靠近。做好自己的职业生涯规划，而不是整天在那里做白日梦，以一种自暴自弃的心里来对自己……要努力发挥自己的潜力，打造自己的完美人生。有了梦想，有了动力，好的规划加上不懈的努力，铸就璀璨的人生，在这里演绎自己的精彩。

二、自我分析

基于人才测评分析报告以及本人对自己的认识、朋友对我的评价的前提之下，进行了客观的自我分析。

(一)职业兴趣

从测评分析报告中得出：我本人对抽象的、分析的、灵活的定向任务性质的职业比较

感兴趣，对研究型、领导型、社会型、创造型的工作比较有兴趣，其他方面的职业兴趣一般。

(二)职业能力

我本人逻辑推理的能力相对比较强，而信息分析能力也不错，比较喜欢对复杂的事物进行思考，工作认真、负责。但是，偶尔有时想法过于复杂以至于较难与别人交流和让别人理解。

(三)职业素质

观察力强，我这个人对工作的自觉性比较好，而且对工作比较热情，能够吃苦耐劳，更善于处理概念和想法。总是试图运用理论分析各种问题；对一个观点或形势能做出超乎常人的、独立准确的分析，会提出尖锐的问题，也会向自己挑战以发现新的合乎逻辑的方法。喜欢在工作中接触人，喜欢团体工作。对于固定的工作模式十分讨厌，不喜欢做一些不变的操作性工作。

(四)职业价值观

从我的测评结果中可以知道，自我实现取向、经营取向、才能取向的得分是最高的。我认为自己在工作中，在不考虑工资收入的前提之下，自己最喜欢做的工作为第一考虑，对所选择的职业，要有能从中不断学习知识的机会，对工作的收入，要不低于我本人的工作能力的价值。同时，也会考虑这份工作是否能实现自己的目标或者自己的理想。最后，也考虑这份工作我是否合适去做，我的能力是否能胜任等一些相关的问题。

(五)职业能力

1. 能力优势。头脑灵活，有较强的发展、提升意识，逻辑推理能力比较强，注重团体。有创造性地解决问题的技能，具有探险精神、创造意识以及克服困难的勇气，独立自主，能以个人工作，并且全神贯注，能够客观地分析和处理问题，而不是感情用事。交际能力较强，对自己要求严格，有强烈的上进心。

2. 能力劣势。做事理性不强，喜欢按传统的、公式化的方式来办事。毅力仍然有些不足，有时做事会半途而废。做事情有时太跟随自己的想法，一意孤行。

总而言之，我认为自己职业兴趣明确，有一定的能力优势，但是也有一定的能力劣势，所以要发挥自己的优势，培养自己的不足。平时要多对自己的不足进行强化训练，譬如，要多练练写作，多看一些课外书，拓宽视野。

三、职业分析

(一)家庭环境分析

家庭经济能力不富裕，只是一般而已，仅能维持正常的生活，我的学习费用有一定的负担。我的父母都在农村以种地为生，经济收入微薄。

(二)学校环境分析

我就读的学校是河南省的普通大学，生活环境一般，教学设施基本齐全，但教学设施不是那么的先进，教学水平一般，学习的土木工程专业课的科目开设不太理想，教学质量不算很高，只能说一般，师资也不够，但总的来说，整体教学还是在普通大学之上的。

（三）社会环境分析

我国现在大学生毕业渐渐增多，而且需求量渐饱和，但土木类专业毕业生就业形势还是比较好的，随着我国的城市化进程，社会需求量还是比较大的，所以就业环境很好。

（四）职业环境分析

在我国土木人员需求量很大，但高级技术人员短缺。职业技能不过硬是不容易找工作的，现在自己多考些证能够拓宽就业范围。

四、职业定位

综合前面的自我分析和职业分析这两部分的内容，我得出本人的职业定位的SWOT分析（表5-1）。

表5-1 职业定位的SWOT分析

因素类别		内容
内部因素	优势因素(S)	头脑灵活，逻辑推理能力较强 工作有毅力，认真，负责 具有创造力，领导能力不错 人际关系处理得当
	弱势因素(W)	有时过于感性，会忽略别人的感受 不喜欢传统的工作，偶尔会有厌倦心理
外部因素	机会因素(O)	在沿海地区工作岗位相对多些，经济方面仍然有发展前景
	威胁因素(T)	社会环境不断变化，竞争激烈，就业形势日益严峻

结论：

1. 职业目标

根据自己的职业兴趣和个人能力，我希望能最终成为一名国际建筑界的精英。

2. 职业的发展路径

考多种证——造价员——造价师——建造师。

五、计划实施方案

（一）大学期间（2010—2014年）

1. 学好各科专业知识，掌握造价行业的基本知识。

2. 英语考级积极复习，强化英语，至少过六级。

3. 从大二开始，积极准备考多种有关建筑造价类的证书。

4. 从现在起，关注考证的各种信息，研习关于土木造价的书籍。

5. 大二考到中级口译证书，大三考到高级口译证书。

6. 假期打工(和本人专业相符的工作)积累社会经验。

(二)大学毕业后五年(2015—2020年)

1. 若考上研究生，则继续勤奋学习。

2. 去国外留学，学习土木工程类的更高层次的知识和经验。

3. 去国外工作。

(三)长期计划

1. 在工作之余，不断学习各方面的知识，提高自己的能力，增长各方面见识。

2. 努力工作，积极博取提升的机会。

3. 在工作学习之外，坚持锻炼身体。

4. 汲取他人各种优点，不断提高自身的修养。

5. 不断发现自己的不足，并予以改正。

6. 建立良好的交际网，秉承“君子之交淡如水”的人生座右铭。

六、评估调整

社会是不断变化的，而且是不断向前发展的，所以对我的职业规划要做出风险预测。如果我不能够完成以上制定的计划，我会有以下的发展路径：

大学毕业后，没有考上研究生，则：

(一)直接参加工作，累积资本，为日后出国深造打下经济基础。

(二)一方面可以在国内找工作。

(三)同样也可以在国外找工作。

七、结束语

一份好的计划只有在努力实践中才能显示其价值，既然做了承诺就努力去实现，否则一切将只是白纸，收获的也只有惨淡的人生。别让家人、朋友、关心爱惜自己的人及自己心爱的人失望，更别让自己失望，让青春无悔。

把握生命里的每一分钟，让青春绽放耀眼的光彩。

说到不如做到，要做就做最好。

从现在开始，向着梦想进发，努力过程中的荆棘，只会更加坚定信念。

【评析】 这是一篇完整的大学生职业生涯规划书。开篇是作者的个人资料简介，然后规划书引言对应结尾的结束语，首尾呼应，自然圆合。然后按照职业生涯规划的几个基本要素进行了严整地写作：从知己的自我分析到知彼的职业分析，再到职业定位及计划实施，符合职业生涯规划写作的基本原则，图文并茂，思路严整，条理清晰，可操作性强，富有现实针对性。

大学生职业生涯规划书(模板)

一、职业素质分析

(一)个人基本情况

(二)职业兴趣(喜欢干什么?)

(三)职业能力(能干什么?)

(四)职业特质(适合干什么?)

(五)职业价值观(职业发展意义是什么?)

二、职业环境分析

(一)家庭环境分析(如经济状况、家人期望、家族文化等因素以及对本人的影响)

(二)学校环境分析(如学校特色、专业学习、实践经验等因素)

(三)社会环境分析(如就业形势、就业政策、竞争对手等因素)

(四)行业环境分析(如行业现状及发展趋势、人业匹配分析情况等)

(五)地域环境分析(如工作城市发展前景、文化特点、人际关系、人城匹配分析情况等)

三、职业目标定位

(一)优势因素

(二)劣势因素

(三)机会因素

(四)威胁因素

四、职业路径选择

(一)短期计划(大学计划)

(二)中期计划(毕业后五年计划)

(三)远期计划(毕业后十年以上计划)

五、职业规划评估

(一)职业目标评估(是否需要重新选择职业?)

假如一直__________,那么我将__________。

(二)职业路径评估(是否需要调整发展方向?)

当出现__________的时候,我就__________。

(三)实施策略评估(是否需要改变行动策略?)

如果__________,我就__________。

(四)其他因素评估(身体、家庭、经济状况以及机遇、意外情况等因素的及时评估)

实训课堂

1. 学习霍兰德职业兴趣理论（图 5-3），参与霍兰德职业兴趣类型游戏，探寻适合自己的职业类型。

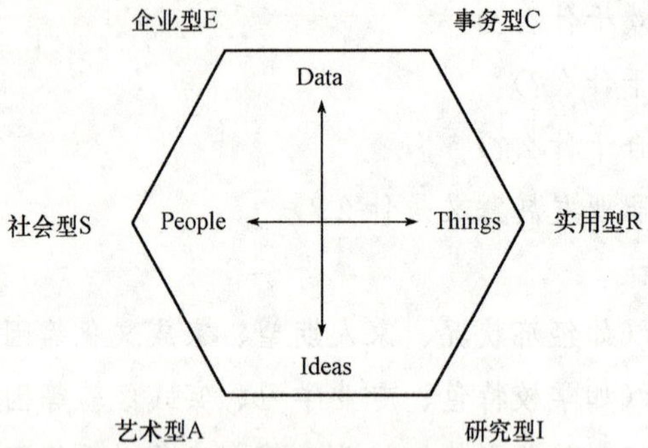

图 5-3 霍兰德职业兴趣理论

假设在旅行途中你所乘坐的轮船发生了意外，必须紧急靠岸，此时你会选择哪个岛屿，请按照优先顺序选择三个岛屿：

第一个岛屿——美丽浪漫岛（Artistic），这个岛上到处是美术馆、音乐厅，弥漫着浓厚的艺术文化气息，岛上保留着传统的舞蹈、音乐与绘画，许多文艺界人士都喜欢来到这里寻找灵感。

第二个岛屿——现代井然岛（Conventional），这是一个现代的、都市形态的岛屿，处处耸立着现代建筑，岛上的户政管理、地政管理及金融管理都十分完善。岛民们个性冷静保守，处事有条不紊，善于组织规划。

第三个岛屿——显赫富庶岛（Enterprising），该岛经济高度发达，到处都能看到高级饭店、俱乐部、高尔夫球场，岛民性格热情豪爽，善于经营企业和从事贸易活动，岛上往来者多数都是企业家、政治家、经理人、律师等商界名流和上等阶层人士，在岛上享受着高品质生活。

第四个岛屿——深思冥想岛（Investigative），这个岛上平畴绿野，人少僻静，适合夜观星象，岛上有很多天文馆、科技博物馆、科学图书馆，岛上的人们最喜欢天天待在屋子里钻研学问，深思冥想，探究真知。哲学家、科学家和心理学家们在这里聚会，讨论学术，交流思想。

第五个岛屿——自然原始岛（Realistic），自然生态优良，岛上不但保留着热带雨林这样的原始生态系统，而且建立了相当规模的植物园、动物园、水族馆，岛民们以手工制造见长，自己种植花果，栽培蔬菜，修缮房屋，打造器物，制作工具。

第六个岛屿——温暖友善岛（Social），岛民们性情温和，乐于助人，十分友善。大家互助合作，重视教育后代，每个社区都能自成一个密切互动的服务网络，处处充满着人文气息。

2. 请根据自己目前所学专业情况，查阅相关资料，拟写一份《大学生职业生涯规划书》。

第三节　活动策划

知识扫描

一、内涵

策划一词最早出现在《后汉书·隗嚣传》中“是以功名终申，策画复得”之句。其中“画”与“划”相通互代，“策画”即“策划”，意思是计划、打算。“策”最主要的意识是指计谋，如决策、献策、下策、束手无策。“划”指设计，如工作计划、筹划、谋划，意思为处置、安排。日本策划家和田创认为：策划是通过实践活动获取更佳效果的智慧，它是一种智慧创造行为；“美国哈佛企业管理丛书”提到：“策划是一种程序，在本质上是一种运用脑力的理性行为”。

学界目前有关策划的描述有：

策划是借助一定的信息素材，为达到特定的目的、目标而进行设计、策划，以为具体的可操作性行为提供创意、思路、方法与对策。

策划是个人、企业、组织机构为了达到一定的目的，在充分调查市场环境以及相关联的环境的基础之上，遵循一定的方法或者规则对未来即将发生的事情，进行系统、周密、科学地预测并制定科学的可行性策划方案，同时在发展中不断地调整以适应环境的变化，从而制定切合实际情况的科学的方案。

策划是一种策略的规划，它包含了构思、分析、归纳、拟定、付诸实行与评估等具体要素。

策划书是一种事先整合与思考其实施步骤的文书，使用范围极其广泛，凡日常生活中的大小事，如旅游、活动、专题报告或经销商品等事务，都可以由策划书来处理。

二、种类

策划案包罗万象，种类很多，不胜枚举。最常见的策划案包括：

(一)一般策划案。

(二)行销策划案。

(三)广告策划案。

(四)新产品开发策划案。

(五)销售促销策划案。

(六)公共关系策划案。

(七)年度经营策划案。

(八)投资评估策划案。

(九)长期发展策划案。

(十)教育训练策划案。

三、要素

策划文书的要素，至少有八点可以作为指标。即 5W：What、Why、When、Who、Where；2H：How、How much；1E：Effect。

其次序通常为：What→Why→How→How much→When→Who→Where→Effect。

What(什么)——策划的目的、内容。

Why(为什么)——策划缘由、前景。

How(如何)——策划的方法和运转实施。

How much(多少)——策划预算。

When(何时)——策划的时间。

Who(谁)——策划相关人员。

Where(何处)——策划实施场所。

Effect(效果)——预测策划结果、效果。

四、活动策划

活动策划的主要内容包括：

(一)活动名称。

(二)活动主题。

(三)活动目的。

(四)主办单位。

(五)协办单位。

(六)承办单位。

(七)活动时间。

(八)活动地点。

(九)活动人员。

(十)活动流程。

(十一)活动经费。

(十二)活动评估。

案例评析

××学院大学生主题演讲比赛活动策划书

一、活动目的

以“我的大学我做主”为主题进行演讲，对自己大学生活做出科学、合理的规划。

二、活动意义

为了配合第八期普通话培训测试工作，进一步推广普通话，丰富同学们的课余文化生活、营造校园文化艺术氛围，展示我院学生的青春风采，增强同学们的自信心与荣誉感，××学院普通话培训测试工作站特举办以“我的大学我做主”为主题的演讲展示活动。

三、活动对象

××学院全体同学。

四、活动主题

我的大学我做主。

五、主办单位

××学院普通话培训测试工作站。

六、承办单位

公共课教学部基础教研室。

七、活动时间

××××

八、活动地点

××××

九、赛前准备

(一)做好充分的宣传工作，吸引新生积极参加。

(二)邀请列席评委，初赛邀请有经验的院、校学生组织负责人，复赛邀请院、系的相关老师担任评委。

(三)提前借好教室，确定即席演讲主题并做好标签。

(四)提前布置会场，准备好评委打分的纸笔和计算工具；准备好水和奖状。

(五)联系宣传部及文学社做好赛前赛后报道宣传工作及摄影工作。

(六)做好分工，明确分配任务，责任到人。

(七)确定主持人。

十、比赛形式

演讲。

十一、参赛要求

(一)参赛者思想端正，参赛作品积极向上并且普通话标准。

(二)参赛者具有一定的语音表达能力，感情丰富。

(三)所选作品体裁不限，切合主题，内容积极向上，具有时代气息，体现当代大学生风采。

(四)演讲时间为3～5分钟。

(五)若有配乐或PPT，请自带mp3或U盘。

(六)参赛选手到会场后在签到处签到，比赛正式开始后15分钟不到者视为弃权。

十二、评选细则

评委评分细则(百分制，计算分值时，去掉一个最高分，去掉一个最低分，再累加后求平均值即为选手评委得分)。

(一)着装整齐,大方得体。(10 分)

(二)吐字清晰,普通话标准。(20 分)

(三)表现力、应变能力强,能活跃气氛。(20 分)

(四)观点鲜明,内容充实生动。(25 分)

(五)具有创意,演讲结构清晰,论据充足,逻辑性强。(25 分)

十三、奖项设置

本次比赛将设定 6 个获奖名额,其中分别设一等奖一名、二等奖两名、三等奖三名。

十四、比赛程序

(一)评委及嘉宾入场;(二)主持人致辞;(三)主持人宣布比赛规则并介绍各比赛选手;(四)比赛环节;选手必须在演讲前介绍自己;(五)……

十五、人员安排

(一)组织部

1. 负责场地布置、座位安排。

2. 维持场地秩序。

(二)宣传部

1. 负责前期、后期的活动宣传以及宣传用品的打印。

2. 设计会场布置的相关宣传用品。

(三)外联部

1. 租归还场地及相关设备。

2. 购买邀请函、荣誉证书、奖品等。

(四)体育部

1. 搬运宣传板。

2. 协助外联部。

(五)生活部

1. 赛前场地卫生的保持。

2. 准备相机,负责晚会期间的拍照工作。

(六)办公室

1. 汇总报名表。

2. 制作选手签到表并负责签到工作。

3. 荣誉证书的盖章。

4. 赛程中茶水和接待工作。

(七)学习部

1. 联系学委和收集报名表。

2. 邀请评委老师。

3. 汇总分数,书写荣誉证书获奖名单。

（八）文艺部

后备人员。

十六、经费预算（略）

实训课堂

感恩节来临之际，为了号召全院广大同学拿起笔，展开纸，用自己久违的感恩之心，向父母、家人发出“一封家书”，将平时没有思量过或羞于当面表达的情感倾注于笔端，让一封家书承载来自炽热内心的感恩之情，进一步增强大学生感恩父母、感恩老师、感恩社会的美好情怀，树立报答父母、报恩师长、报效祖国的神圣责任。××学院普通话水平培训测试工作站现决定举办每年一届的微“孝”在行动——“一封家书”活动，旨在切实提高我院学生的汉语言文字运用能力。

请你为今年的“一封家书”活动拟写一份活动策划书。

要求：有创意，具备可行性。

第四节　总　　结

知识扫描

一、内涵

总结是国家党政机关、企事业单位、社会团体及个人对过去一段时间内的实践活动如工作、学习、生活等做出全面、系统的回顾、分析、评价、研究，从中得出规律性认识、总结经验教训以指导以后实践行为的一种筹划性文书。

二、特点

（一）实践性。作为一种筹划性文书，总结的主要内容是对主体实践行为的回顾、分析、归纳和总结，是从实践中获取的认知结果，其最终目的也是要用来指导今后的实践行为，所以实践性是总结的一个重要特征，也是衡量总结写作好与坏的一个重要标准，即来源于实践，应用于实践。

（二）指导性。总结通过回顾、反思实践的方式获取的认知结果最主要的现实意义即用于指导现实生活，如何成功应用总结中得出的工作经验，如何避免总结中得出的失败教训，发扬成绩、纠正问题，就是总结之于现实生活的指导性意义之所在。

（三）理论性。总结中的认知结果不应该是对现实生活片面的反映、简单的描述或机械的复制，应尽量将主体的感性认知提升到理性认知层面，争取在认真分析问题基础上获取主体对现实生活的规律性认知，用一般来指导特殊，总结才能真正地发挥它对现实生活的理论指导意义。

三、类型

总结的类型有很多，不同的划分标准可以得到不同的总结类型。常用的划分标准及总结类型有：

(一)按总结的性质划分，有综合性总结和专题性总结。

(二)按总结的内容划分，有工作总结、学习总结、生活总结、思想总结、生产总结、活动总结等。

(三)按总结的时间划分，有月份总结、季度总结、年度总结等。

(四)按总结的范围划分，有区域总结、单位总结、部门总结、个人总结等。

四、要求

(一)资料占有。总结的写作要求建立在充分占有资料的基础之上。资料充分才能保证全面、准确地了解情况，详尽、科学的信息才能保证总结观点的准确性和新颖性。所以总结的写作首先要求全面充分地占有资料，实事求是地反映问题。如果总结的内容含有虚假的成分，总结就失去了它对现实生活的指导意义。要使总结的内容真实可信，就必须做到反映成绩不夸大其词，总结经验不随意拔高，指出问题不敷衍了事，申明教训不浮于表面。

(二)材料分析。撰写总结，需要充分占有资料，全面掌握情况，但仅仅占有资料是不够的。在占有资料的基础上，还必须深入分析，从特殊到一般，从局部到整体，从表象到本质，从个性到共性，深入探求规律性认知，这是写好总结的关键。如记“流水账”一样罗列材料，或一味地就事论事，写出的总结不可能对今后的工作有太大的指导意义。

(三)材料整合。在占有资料和分析材料基础上，总结还要求适当地对材料进行剪裁、整合，这样可以使总结的内容更加翔实具体。例如在写作时通常要用实例说明问题，有时还会用到大量的数据。使用实例和数据，在确保其真实性的前提下还要讲求典型性，要把最能说明问题的典型实例和关键数据写入文章，以免以偏概全，得出片面的结论。另外，总结中往往要反映几个方面的内容，但写各项内容不能平均使用笔墨，而要有所侧重，要根据具体的写作目的和工作状况的特点取舍内容，确定重点，避免采用面面俱到、泛泛而谈的写作方式。

(四)个性特征。写总结不能千篇一律，要尽量体现出主体的行文风格及写作特征。首先从内容方面来看，无论是写成绩还是写问题，无论是写经验还是写教训，都应带有一定的个性色彩，要把真正属于自己的东西反映出来。只讲共性，不讲个性，是写不出高质量的总结的。如果一篇总结经改头换面，加工处理，便可用于任何一个单位或任何一个年度，那只能说是不合格的总结。最后，在结构的安排和语言的运用上，总结也应有自己的一些特点。

五、写作

(一)标题。

1. 公文式标题。发文机关＋时间＋事由＋文种。

2. 文章式标题。即用简洁的语言概括总结的主要内容。

3. 复式标题。正标题采用文章式标题，副标题注明单位名称、时间点等基本信息。

(二)正文。正文包括前言、主体和结尾三部分。

1. 前言。前言部分主要交代总结的目的或概述总结的基本情况。基本情况概述主要是简要介绍工作的基本情况、过程和结果，交代在什么情况下做了什么工作，采取了哪些措施，取得了哪些成绩等，以给人总体印象，从而为主体部分展开做好铺垫。总结的前言在表达上，可以是一个或几个段落，也可以独立成节，一般要求写得简明扼要，高度概括。

2. 主体。

(1)主要成绩和经验。这是全文的主要内容和重点，也是总结的目的所在。这部分应实事求是、具体、详细地阐述工作中取得的主要成绩、做法和具有典型意义的经验、体会，分析取得成绩的主客观原因。在总结中写做法，是为了说明经验，即"寓经验于做法之中"，必须有典型事例。至于总结经验，既不能就事论事，忽略了理论分析；又不能空发议论，没有具体材料。

撰写这一部分，特别要注意内容的归类和层次的安排，使之观点鲜明、重点突出、条理分明。为了阐述清楚，可采用分条列项的写法，分成几点或几个方面来写。

(2)存在的问题和教训。在总结成绩、经验的同时，还要找出差距，指出工作中存在的问题和教训，并分析其原因，以期达到吸取教训、克服缺点、改进工作、继续前进的目的。这部分一般都写得较为简单，提纲挈领，点到为止，不必详细展开。

正文主体部分的写法，一般是夹叙夹议，有情况的叙述，有理论的分析，从具体事实上升到理性认识。

3. 结尾。结尾概括全文，说明汲取经验教训的效果，可以提出今后努力的方向和改进问题的具体想法。有些总结也可以没有结尾，正文结束后自然收束。

(三)落款。正文右下方写上署名和日期，标题中已经有单位名称的落款时可以省略，只写日期。如果是报送上级领导机关的，应加盖公章。

案例评析

【案例一】

××自治区支教工作阶段总结

我们××自治区按照中办发[1996]23号文件精神，从1996年10月开始在全区开展支援基层教育工作。近三年来，在党中央、国务院和自治区党委、自治区人民政府的正确领导下，在中央有关部门的关心指导下，经过全区上下一致共同努力，支教工作取得了较大的成绩，为改变受援地区尤其是贫困地区教育的面貌做出了贡献。现将有关情况汇报如下：

一、基本情况

我区从1996年10月份起一共派遣了三期支教工作队。第一期时间为1996年10月至1998年元月；第二期时间为1998年2月至1999年元月；第三期为1999年2月至2000年元月。三期共派出各级文教队员8 937人，分别进驻1 724所中学、2 987所小学开展工作。支教队员当中有处级82人，科级1 236人。党员4 726人，占52.9%。团员2 339人，占26.2%。学历方面，研究生24人，大专以上6 738人，占总人数的75.6%，中专2 175人，占总人数的24.3%，从事教学工作的5 410人，占总人数的60.5%。

二、支教工作取得的成绩

(一)支教的重大意义被越来越多的人所认识，全社会关心、支持支教的热潮已经形成并逐渐高涨。三年来，自治区的支教工作，成效越来越明显，影响不断扩大，深得民心。各级党政领导对支教工作的认识普遍提高，任务明确、措施得力，从而不断加强支教工作的力度。各方面力量密切配合，形成支教合力，使支教工作取得较大成效。社会各界关心、支持支教，使文教工作如虎添翼。广大教师热情、积极投身文教行列，争相为农村基层教育奉献青春和力量。××县一中的谢××、梁××夫妇带着8岁的儿子举家搬到偏僻的××乡初中，一家三口参加支教，成为自治区开展支教以来的第一个“支教家庭”。有些队员还连续干了多期，而且工作很出色，如区直驻××县支教队队长郭××和区直驻××县支教队队长韦××干了两期，××县支教队的许××干了三期，他们的工作业绩都受到当地高度赞扬。

(二)支教工作深受广大群众的支持、拥护、欢迎。几年来开展的支教工作，使受援地的教育观念有了很大的转变。薄弱学校的落后面貌发生了较大的变化，学校的教育教学质量和办学水平有所提高，推动了“两基”工作的进展，也进一步促进了当地社会经济的发展，取得的成绩是明显的。据统计，目前全区已有65所中学、30所小学彻底改变了薄弱面貌；168所中学、512所小学面貌有较大改变。到1998年底，全区通过“两基”验收的县(市、区)累计达到64个，占全区县(市、区)总数的59%，人口覆盖率68.56%，1998年全区通过国家级扫盲验收，基本完成扫除青壮年文盲任务。因此，受援地的广大干部群众、师生给支教工作极大的称赞，支教工作得到他们的支持和拥护。看到支教能带来这么多的受益，没有支教队员进驻的贫困地区乡、村、学校，都积极向上打报告，争相要求上级派支教队；已有支教队员进驻的乡村、学校，则对支教队依依不舍，竭力要求继续留下支教队。支教工作队在我区广大贫困地区尤其是少数民族山区深受欢迎。

(三)为受援地办好事实事

1. 从1996年开展支教工作以来，支教队把协助、指导当地党委、政府抓“两基”作为支教工作的“重中之重”，从实际出发，从基础抓起，巩固“普六”，促进“普九”，首先是抓住“人头”，降低辍学率。1998年全区小学学龄儿童入学率达到98.8%，小学年辍学率为1.67%，比支教前降低2.95个百分点，初中在校生比上年增加15.43万人，增长7.19%，初中入学率为87.58%，比上年提高3.65个百分点，比支教前提高了17.95个百分点，支教队员在动员流失学生返校方面做了大量的工作，涌现出许多感人的事迹。这些年来，有支教队员进驻的学校辍学率均有所降低。此外，还大力进行教育法制宣传，巩固扫盲成果等。

2. 抓农村教育综合改革，探索全面推进素质教育的新路子。结合我区实际，尤其是少数民族贫困地区的特点，与当地教育部门一道，抓好农村教育综合改革，积极开展和探索全面推进素质教育的新路子、新方法，开展农科教三结合，实行“三教”统筹。同时积极开展丰富多彩的教研活动，促进教学方法的改革。通过开展农科教相结合、“三教”统筹活动，把基础知识、科技知识、劳动技能结合起来，全面推进素质教育，为贫困地区培养实用型人才。

3. 帮助受援地抓好薄弱学校的领导班子和教师队伍的建设。各级支教队员大多数是学校领导和骨干教师，素质较高，进驻支教点后，他们积极开展校长(教育行政管理者)和教师的培训，着力提高学校领导的管理水平及教师的政治素质和业务水平。近三年来，共培训中学校长 20 686 人，小学校长 73 939 人，中学教师 83 543 人，小学教师 17 776 人。

4. 加强薄弱学校的管理，促进“三风”好转，提高教育教学质量。各级支教队帮助受援学校建立健全各种规章制度并狠抓落实，加大执行力度，大胆参与学校的管理和整顿，使学校的教学秩序大为改变，校风、教风、学风明显好转，治安环境进一步改善，校园精神文明建设得到加强，从而提高了整个学校办学水平、管理水平和教育教学质量。

5. 积极改善受援学校办学条件，资助贫困生重返校园。通过各级支教队广泛发动社会各方力量，捐资助教助学。据不完全统计，全区的捐资、捐物、捐图书和教学设备，总价值约为 3 717.5 万元，受资助的失学儿童达 15 370 人。

(四)培养和锻炼一大批年轻干部(略)。

三、我们的一些做法

(一)领导重视，认识到位、机构落实，加强指导、拨有专款。各级党委、政府都把贯彻落实党的十五大精神、自治区提出“三大战略、六大突破”决策和“1234610”工作思路的当作一项重要工作来抓，并认识到这是“扶贫攻坚”“科教兴国”“科教兴桂”的一项具体行动。自治区、地(市)、县(市)各级都成立了支教工作领导小组，有的乡(镇)也设有支教组织机构。自治区支教工作领导小组组长由自治区党委副书记杨××同志担任，副组长由区党委常委、组织部部长徐××同志和自治区副主席吴××同志担任，领导小组成员、自治区党委组织部原常务副部长吴××同志牵头具体主管支教工作，其他领导小组成员由自治区党委办公厅、区人民政府办公厅、宣传部、自治区人事厅、教育厅、财政厅、团区委、区妇联等有关领导组成。自治区党委、政府一贯重视支教工作，杨××副书记经常亲自过问支教进展情况，研究支教工作的有关问题，并列支教点看望支教队员。自治区副主席吴××下乡检查工作也经常看望、关心支教队员，询问他们的工作生活情况。领导小组成员、自治区党委组织部原常务副部长吴××同志、区教育厅厅长徐××同志等领导经常对支教工作给予具体指导。自治区有关部门对支教工作也给予大力支持。全区各地各级分管支教工作的领导都能关心和支持支教，经常过问、研究支教工作。自治区支教办公室设在自治区党委组织部，对协调、指导、管理全区开展支教工作提供了保障和便利。各级支教办都有专职办公人员。自治区财政每年都划拨一定经费用于支教工作，1996 年开办费为 20 万元，1997 年为 80 万元，1998 年为 100 万元，1999 年为 130 万元，不断加大力度。大多数的地（市）、县也拨出了几万至几十万的支教专项经费，保证了支教工作顺利开展。仅今年，××地区就拨款 30 万元，××地区 20 万元，××地区 20 万元，××市 19 万元。

（二）思路明确，重点突出，真抓实干，务求实效。几年来，我区的支教工作紧紧围绕实现“两基”这一“重中之重”开展工作，认为这是推进素质教育的基础。因此，帮助当地党委、政府切实抓好巩固“普六”，促进“普九”。以“五个好”作为具体目标，抓好受援学校的各项工作。“五个好”就是：建设一个好的学校领导班子，特别是选准配备一个好校长；建设好一支爱岗敬业、无私奉献的教师队伍；建设一所符合规范要求的好校园；健全一套符合实际的学校管理制度；培养一批德、智、体、美、劳全面发展的好人才。同时，我们也注重抓好农科教结合，促进教育为当地经济服务。我区支教工作的思路明确，重点突出，措施得力，取得明显成效。

（三）全社会、大范围、多形式开展支教。（略）

（四）培育典型、发现典型、树立典型，总结推广典型经验，带动全局。勇于探索、开拓进取、抓住典型、以点带面，这是我区搞好支教工作行之有效的方法。（略）

（五）抓好支教队伍建设，加强队员管理，提高整体素质。（略）

四、存在的问题和困难

我区第三期支教工作虽然取得了一定的成绩和经验，但还存在一些问题，发展不够平衡。有的地县的领导对支教工作重视不够，支教工作队派下去以后，很少深入调查研究、督促、检查，工作进展较慢；有的地县支教办公经费得不到落实；有些教育部门和后援学校产生厌倦情绪，认为“抽自己的血来补自己的身体，没有什么作用”，教育行政部门没有很好进行指导、管理，未能主动帮助受援学校解决一些实际问题。以上问题，通过贯彻、落实今年六月底在××地区××县召开的全区支教工作经验交流现场会议精神，正在逐步得到解决。

五、建议与要求

（一）支教是一项全新的工作，需要指导和交流。支教工作开展三年了，国家支教办还没有召开过一次全国性会议，也没有开展过支教工作经验交流活动，建议在适当的时候召开一次全国支教工作会议，规模大一些，规格也要相对高些，最好各省市、自治区分管支教的党委副书记或副省长、副市长、副主席都能参加。

（二）支教工作的一个主要问题和困难是缺乏资金，建议国家能从扶贫经费中划拨一块，用于帮助薄弱学校改善办学条件。

（三）希望能制定一套科学、合理的有关支教工作的激励机制，以充分调动和发挥支教队员的积极性，并吸引更多的人参与支教。

（四）建议由国家支教办分片组织各省区进行交叉检查，评估验收支教工作。以便兄弟省区之间互相学习、取长补短、互相促进、共同提高，从而促进全国的支教工作向纵深发展。

(五)建议教育部把支教工作纳入议事日程，加强对全国支教工作的领导、检查指导、督促和促进工作。

××××年××月××日

【评析】 这是一则××自治区支教工作阶段总结，全文分为前言、主体和结尾三大部分。前言介绍了本次支教工作的基本情况并概括阐述了支教工作取得的阶段性成绩。主体部分分别介绍了此次支教工作取得的具体成绩及存在的问题和困难。结尾部分对此次支教工作提出了几项具体的建议和要求。全文内容比较多，但思路清晰，结构严整，行文通畅。

【案例二】

大学生军训总结

尊敬的部队首长，尊敬的各位领导，承训部队官兵，老师们，同学们：

大家好，××学院2005级计信统1、2班学生为期15天的军训就要结束了，虽然时间有些短，但是却取得了显著的成绩，达到了预期的目标。

这次军训，由于部队教官严格要求，认真进行各项科目的训练；同学们参训态度端正，有吃苦耐劳和磨炼意志的思想准备，因此，在军训期间参训学生都能积极投入到艰苦紧张的军训之中，不仅增强了国防观念，坚定了爱国主义信念，而且体验了士兵生活，增强了组织纪律性和集体主义，以及革命英雄主义观念，培养了艰苦奋斗、勇敢顽强的军人作风。虽然军训时间是短暂的，但这对同学们今后的学业和两年后走向工作岗位无疑是十分有益的。

同学们，军训是每一位大学生在就学期间一门重要的必修课。这次军训的1 000多名同学经过军训技能考核评比，均取得优良成绩。按照教育部和学校的有关规定，都将在军事科目的学习上获得相应的学分，并且颁发国家统一印制的高等学校“军事训练合格证书”。

十多天来，同学们虚心向教官学习，严守纪律，不怕困难。有的同学带病带伤坚持训练，从不叫苦叫累。我营二班的郑××同学虽然在不久以前曾经因为在家乡打篮球的时候不慎将脚摔伤，但是他依旧坚持表示参加军训，再苦再累也不能耽误训练，用他自己的话说：“我不要做一个逃兵!”在训练中，他没有主动喊过一次报告或请求休息，每次都是忍住疼痛，坚持与大家一起训练，同学都看在眼里，佩服在心里。我班的雷宇同学平时给同学们表演节目，他训练刻苦、动作认真，每天一身汗，功夫不负有心人，他的表演受到教官肯定的同时，他还在业余时间热心为班集体为同学服务。他说，军训不仅增强了体魄，而且锻炼了意志、毅力，增进了同学之间的友谊和集体荣誉感。

在同学们身上真正体现了当代大学生的崇高品质和奋发向上的进取精神。你们用自己的实际行动谱写了××学院学生军训工作的新篇章。

这次军训得到了××学院领导和教官以及学校参训教师的高度重视，在军训中对学生表现出极大的爱心和责任心，参训的教师从军训开始一直到现在始终没离开学校，没离开参训学生。一大批刚参加工作的青年教师，从接到参训工作的光荣使命，穿上威武的军装的那一刻起，就严格要求自己，时刻以一名准军人的标准规范自己，用自己的模范行动影响和带动参训学生，以昂然的斗志和饱满的精神投入到军训中去。我班带队教官谭××，在带队期间由于饮食不谨慎而导致身体有些透支，但是他仍旧坚持和同学们一道战斗在第一线。晚上还深入到学生当中，了解学生的困难和思想情况，发现问题及时采取措施解决，保证了军训计划和各项工作顺利地落实。在带队教师队伍中还有我们营的营长，自接受参训工作后，就兢兢业业全身心投入到军训工作中，认真负责并以严于律己的精神给参训青年教师和参训学生树立了优秀的榜样。正是由于参训教师的积极工作，我们的军训工作得以顺利完成。

这次军训也得到了学校领导的高度重视，为确保今年学生军训工作的顺利进行，校党委及时调整和充实了军训领导小组成员，并且开展了多种形式的教育和宣传鼓动工作以及活跃的文体活动，在紧张的军训中，各营、连利用业余时间，开展了丰富多彩的文体活动，学校艺术团还对各校区作训教官和参训学生进行了演出慰问。

在整个军训中没有发生安全事故，这也是学校领导十分重视和十分关注的结果，通过我们全体参训教师和承训部队官兵的共同努力，仔细操作，杜绝了各类事故的发生，从而保证了训练任务的圆满完成。

同学们，短短的两周军训今天即将结束，但是作为一名预备役军官的责任将落在每一个人身上。军训结束后，希望同学们继续发扬军训中焕发出来的好的精神、好的作风，把军训成果转化为优良的学风、校风，争取更大荣誉和成绩。

【评析】 这是一份大学生入学军训结束后校方的总结发言稿件，总结中肯定了两周的军训时间里同学们取得的成绩，总结了本次军训工作从组织到领导过程中的成功经验，最后对学生们提出了殷切希望。行文流畅，既有总结的语言范式又有讲话稿的灵动与鲜活，值得学习和借鉴。

实训课堂

十年寒窗只为一朝圆梦，亲爱的同学们，当你步入你梦中的象牙塔，可曾认真地思忖过自己的十几年的求学生涯，奋斗过、拼搏过，我们曾经收获了些什么，又失去了些什么，请为自己步入大学前的生活或学习拟写一份总结，想想该怎样给自己一个新的开始，再想想当我们站在下一个人生驿站回想我们的大学的时候，又会是怎样一番情景。

第六章　知照性文书写作

章节序言

“知”，通知、知道、知晓之谓也；“照”，明白、通晓、清晰之谓也。所谓知照性文书是指国家党政机关、企事业单位、社会团体及个人在日常学习、生活及工作中使用的一种让人周知、通晓、明白的文书形式，典型的文种如通知、通报、通告、公告等，均为《党政机关公文处理工作条例》中规定的15种公文文种。

第一节　通　　知

知识扫描

一、概念

通知是批转下级机关的公文、转发上级机关和不相隶属机关的公文、传达要求下级机关办理和需要有关单位周知或者执行的事项，任免人员时使用的一种知照性文书，是《党政机关公文处理工作条例》中规定的15种公文之一。

二、特点

(一)使用范围的广泛性。通知是一种具有知照性、部署性、指示性等多重属性的公文，也是公文中使用范围最广、使用频率最高、使用权限最不受限制的一个文种。国家党政机关、社会团体、企事业单位及个人均可使用。

(二)文体作用的多面性。通知可以用来布置工作、传达指示、晓谕事项、发布规章、批转或转发文件等，功能多样。

(三)事项处理的时效性。作为一种具体实在、可操作性强的文件，通知的具体事项一般都带有较强的时效性，明确要求在什么时间、什么时间范围内生效或办结，不允许随意改动。如考试通知、开会通知等，时效性较强。

三、类型

(一)指示性通知。有关行政法规和规章、办法、措施，不宜使用命令(令)发布的，可使用通知行文。指示性通知一般带有较强的强制性、指挥性和决策性。

(二)批示性通知(批转、转发性通知)。批示性通知主要用于发布某些行政法规，转发上级、同级或不相隶属机关的公文以及批转下级机关的公文。

批示性通知一般包括批转性和转发性两种：

批转性通知，适用于上级机关对下级部门的文件加批语下发，需在标题中加"批转"两字，转发性通知，是"转发"有关文件的通知，需在标题中注明"转发"字样。

(三)事项性通知(工作通知)。要求下级机关办理某些事项，除交代任务外，通常还提出工作原则和要求，让受文单位贯彻执行，具有强制性和行政约束力。不宜采用命令和意见行文的，可使用事项性通知。

(四)知照性通知。用于告知某一事项或某些信息的通知，如庆祝节日，成立、调整、合并、撤销机构，人事任免，启用新印章，更改电话，更正文件差错等。

(五)会议通知。告知开会具体事宜，如会议时间、会议地点、会议主要内容，会议参会人员，会议要求等，可以针对单位和个人。

(六)任免通知。告知人事任免相关事宜，可以针对单位和个人。

四、写法

通知一般由标题、主送机关、正文、落款和日期几部分组成。

(一)标题。

1. 完整式标题。一般由发文机关、事由和文种构成。如《××大学关于 2014 年国庆放假的通知》。

2. 省略式标题。由事由和文种构成。如《关于开展评选优秀房管员活动的通知》。还有的直接写文种的情形，主要适用于小范围内非正式行文。

(二)主送机关。通知有"主送"和"抄送"之分。主送机关顶格写在标题下、正文之前。抄送机关写在附注栏内。

(三)正文。通知正文包括通知缘由、通知事项及执行要求三部分。正文的开头语结束时一般写上"现将有关事项通知如下"。正文的结束语一般写上"特此通知"。

不同类型的通知其正文的写法有所不同。

1. 批转性通知、转发性通知和发布性通知，正文主要是写批转语和注明附件。语言简练，不拖泥带水。

2. 指示性通知的撰写，要有所针对，有所论证，有所部署。

3. 会议性通知的正文要具体周详。

4. 任免性通知，要求写明批准的机关、日期与被任免人员的职务、姓名等信息。

(四)落款。通知要在末尾署明发文机关全称和成文日期，签字盖章。

(五)撰写通知应注意的事项。

1. 主送机关要求正确而有序，尽量使用统括语，注意分清层次和类别，保证主送准确而无疏漏。多头主送要按照党、政、军、群的顺序排列。

2. 恰当交代通知缘由，明确是在什么情况下，为什么下此通知，便于人们更好地落实文件要求。

3. 通知事项即具体内容要具体明确，切实可行，以便受文单位贯彻执行。

4. 通知语言要准确、简明、通俗易懂，切忌马虎疏漏或模糊不清，以免给工作带来影响。

5. 通知精神要准确表达领导的意图。领导的指示精神，是发布通知的依据。因此，在撰写通知时，要认真领会领导意图，准确加以表达。有的需要直接引用领导的指示意见，使通知更具权威性和感召力。

五、格式

(一)标题。写在第一行正中。可只写“通知”二字，如果事情重要或紧急，也可写“重要通知”或“紧急通知”，以引起注意。

(二)主送。写被通知者的姓名或职称或单位名称。在第二行顶格写。有时，因通知事项简短，内容单一，书写时略去称呼，直起正文。

(三)正文。另起一行，空两格写正文。正文因内容而异。开会的通知要写清开会的时间、地点、参加会议的对象以及开什么会，还要写清要求。布置工作的通知，要写清所通知事件的目的、意义以及具体要求和做法。一般采用条款式行文，简明扼要，使被通知者能一目了然，便于遵照执行。

(四)落款及日期。分两行写在正文右下方，一行署名，一行写日期。

案例评析

中共××省委办公厅

关于举行××省优秀共产党员模范事迹报告会的通知

省委各部、委，省直各委、办、厅、局党组(党委)，各人民团体党组：

为了纪念中国共产党建党73周年，弘扬正气，激励广大共产党员在改革、建设的主战场和维护社会稳定上更好地发挥先锋模范作用，省委定于6月30日在太原举行“××省优秀共产党员松花江事迹报告会”。报告会分两场，首场于上午8时30分在省委办公楼一层大会议厅举行，参加会议的人员为省直各部、委、办厅、局的正副职负责同志；第二场下午3时在湖滨会堂举行，参加会议的人员为省直机关处级干部。届时，省委主要领导同志还将作重要讲话。第二场报告会，××人民广播电台、××电视台将实况转播。请各单位务必组织好参加会议的人员，分别于上午8时和下午2时30分准时入场。

中共××省委办公厅

××××年××月××日

【评析】

1. 标题为完整式标题：发文机关＋事由＋文种。

2. 主送机关按照党政军群的顺序罗列，不同性质的部门之间用逗号隔开，同类部门之间用顿号区分。

3. 通知缘由用“为了”引叙词领出。

4. 通知事项通知了报告会的具体时间、地点、场次及参会人员要求。

5. 通知要求强调相关人员准时入场。

6. 落款日期空一行置于右下方。公文日期要求大写。

实训课堂

1. 根据下面的材料写一则通知。

北京新华书店总店于2005年1月17日在北京国际展览中心举办第18届(2005)北京图书订货会，会期5天，会上将有443家出版社、72家期刊社和超过100家出版社分支机构和一、二级批发商参展。民营书商的展位达200多个。新华书店总店通知各省、自治区、直辖市新华书店派员参加订货会，扩大货源，保障供应，以做好2005年的图书发行工作。

要求：

(1)根据以上材料，代北京新华书店总店拟写一份会议通知，通知各地新华书店派员参加第18届图书订货会。

(2)通知要求有标题、主送、正文、制发单位印章(图示)、成文日期。

(3)按会议通知要求书写，对材料可略作补充。

2. 请代北京市人民政府拟写一份发布性通知，发布《北京市关于禁止燃放烟花爆竹的规定》(以下简称《规定》)。

要求：

(1)此通知应该有标题、主送、正文、制发机关印章(图示)、成文日期。

(2)此《规定》于1993年10月12日在北京市第十届人民代表大会常务委员会第六次会议通过，自1993年12月1日起施行，此规定可不抄录，可用标题代替此规定在发布通知中的位置。

(3)通知正文带有指示性，应有一些执行要求。

提示：注意《规定》的通过日期与施行日期，该通知应予通过后即发出；发布性通知的标题也是复合标题，此《规定》的标题应包含在发布性标题内。

3. 四川省人民政府接到《国务院关于进一步加快旅游业发展的通知》(国发〔2003〕28号)，拟将此文转发给各市人民政府及省直属各单位，请代四川省人民政府撰写这份公文。

要求：按规范的公文格式撰写，包括眉首、主体、版记部分，部分内容可以虚拟。

第二节　通　　报

知识扫描

一、概念

通报是国家党政机关、企事业单位、社会团体及个人在表彰先进、批评错误、传达重要情况时使用的一种知照性文书，是《党政机关公文处理工作条例》中规定的15种公文之一。

二、类型

根据内容和性质，通报可分表彰性通报、批评性通报和情况通报。

三、写法

（一）标题。通报的标题通常由发文机关、事由和文种三个要素构成，有时可省略发文机关和事由，只写“通报”二字。但比较重要的通报则不能省略。通报的签署和时间也可以在标题下方，这样则不再落款；通报也可以有抬头、落款，时间则写在发文机关下面。

（二）正文。

1. 表彰性通报正文的一般写法。

(1)叙述先进事迹，包括时间、地点、人物、事迹、怎么做、结果。

(2)对上述事件进行分析、评议，指出其典型意义，或概括其主要经验。语言要简明概括。

(3)提出表彰或发出号召。如果是转发式的表彰通报，正文部分先对下级机关所发的这个材料进行评价，加上批语，即对被表彰者进行评议等，再发出号召或提出要求。

2. 批评性通报正文的一般写法。

(1)通报缘由：即将事故或错误事实的经过情况、时间、地点、事故、后果等交代清楚。

(2)对事故进行分析评议：重点分析事故发生的原因，指出事故的性质及其危害，并提出处分决定。

(3)写明防止此类事故的措施：要对症下药，提出告诫，或重申某一方面的纪律。

3. 情况通报的一般写法。情况通报的正文，关键在于对情况的掌握要确实、全面、充分。正文一般包括：

(1)叙述情况。

(2)分析情况，阐明意义。

(3)提出指导性意见。

(三)落款。在正文后右下方注发文机关，如在标题已出现发文机关，也可不署发文机关。

(四)日期。可只注发文日期。日期也可注于标题之下。

(五)撰写通报应当注意的事项。

1. 把握典型性原则，通报的材料要有普遍性和针对性，要有指导意义，这样通报才有分量。

2. 掌握时机，有的放矢。

3. 注意材料的真实性。

案例评析

【案例一】

呼和浩特市卫生局关于医生张××
滥用麻醉药品造成医疗事故的通报

各区县、各乡镇医疗卫生单位：

××××年7月5日晚7时25分，××镇三井乡农民李××下腹部疼痛，被送到××镇卫生所治疗。该院夜班医生张××以"腹痛待诊"处理，为病人开了阿托品、安定等镇静药，肌肉注射哌替啶10毫克。7月6日下午5时许，该病人因腹痛加剧，再次到该卫生院治疗，医生刘××诊断为"急性阑尾炎穿孔，伴腹膜炎"，急转市第二医院治疗，与当晚7时实施阑尾切除手术。手术过程中发现阑尾末端部穿孔糜烂，腹腔脓液弥漫。切除了坏死的阑尾，清除腹脓液约300毫升，安装了腹腔引流管条。经过积极治疗，输血300毫升，病人才脱离危险，但身心受到了严重的损害。

呼和浩特市卫生局

××××年××月××日

【评析】

1. 批评性通报。

2. 完整式标题。

3. 主送明确。

4. 正文开篇交代事故的时间、地点、经过及后果，然后做出适当评议。

5. 缺少批评通报应有的诫勉性语言，如"各单位应引以为戒，避免同类事故再次发生"等。

【案例二】

校团委关于表彰李××同学
奋不顾身抢救落水儿童事迹的通报

李××是我校高二(2)班的学生，共青团员。××××年5月7日下午，李××放学回家途经青杨河桥时，突然听到小孩的呼救声，循声望去，只见不远处一小孩被激流卷向河心。岸边另两位孩子正大声呼救。李××毫不迟疑，立即奔过去，扔下书包，来不及脱衣服便跳入河中救人。水流湍急，李××竭尽全力，将落水儿童救上岸。当孩子父母赶来，要感谢李××时，李××却悄悄走了。

李××入校两年来，以乐于助人、善做好事闻名全校，这次又在关键时刻奋不顾身抢救落水儿童，体现了当代青年人的精神风貌，为全校同学树立了好榜样，是我校学雷锋做好事的典型。

根据李××的一贯表现和这次的英勇事迹，经研究决定，授予李××同学"优秀共青团员"称号，并通报全校予以表扬。

希望全体共青团员和全校同学学习李××同学的先进事迹，不断提高自己的思想觉悟，把自己培养成雷锋式的好青年。

××市红旗中学团委

××××年××月××日

【评析】

1. 表彰性通报。
2. 完整式标题。
3. 无明确主送。
4. 正文叙述事迹基本情况、适当评议及应有号召，内容完整，要素齐备。
5. 有落款日期。

实训课堂

请你根据这则材料写一篇通报：1999年2月15日晚，××省农资公司农友仓库管理员张××，在值夜班时违反工作制度，酒后吸烟，熟睡后酿成火灾。报警灭火后，清点库存，损失货物价值达1万余元。张××玩忽职守，使国家财产遭受了巨大的损失，现决定给张××开除公职、留用察看一年的处分，并罚款7 000元。

第三节　通　　告

知识扫描

一、概念

通告，是在一定范围内公布应当遵守或周知的事项时使用的一种知照性文书，是《党政机关公文处理工作条例》中规定的15种公文之一。通告内容广泛，使用普遍。适合国家机关、社会团体和企事业单位在所辖范围内公布有关事项，属泛行文。

二、特点

(一)内容的业务性。通告发布的多是局部的业务性内容，针对性较强。

(二)行文的有限性。通告告知事项的对象是辖区内的单位和群众，多为“社会各有关方面”，区别于“向国内外宣布”的公告。

(三)发文的广泛性。广泛适用于国家机关、社会团体和企事业单位在所辖范围内公布有关事项。

(四)发布的独特性。通告除了可以采用一般公文的文本形式印发外，还可以采用张贴或登报的形式发布。

三、类型

(一)知照性通告。即公布有关单位和个人应当知道或需要遵守事项的通告。其内容多为停水、停电、电话升位等。

(二)办理性通告。即公布要求有关单位和人员需要办理事项的通告。其内容多为注册、等级、年检等。

(三)行止性通告。即公布一些令行禁止事项的通告，其内容如查禁淫秽书籍、收缴非法枪支、加强交通管制、查处违禁物品等。

四、写法

通告的结构一般由标题、正文、落款三部分组成。

(一)标题。

1. 完整式：发文机关＋事由＋文种。如“××学院关于实行夏季统一作息时间的通告”。

2. 省略式：(1)发文机关＋文种。如“中华人民共和国公安部通告”。(2)事由＋文种。如“关于禁止在东深供水流域违章养猪的通告”。(3)文种。“通告”。

(二)正文。通告的正文一般由通告的缘由、通告的事项、通告的结尾三部分构成，但也有只写通告事项的。

1. 通告缘由，即发布通告的依据、背景和目的等，通常要用简明扼要的语言叙述发布通告的原因，说明“为什么”。

2. 通告事项，即通告的具体事项或规定。内容比较简单、单一的可不分条写；如果内容比较多或繁杂则需要条分缕析地列出，说明“是什么”。

一般知照性通告，内容较简单，只需将要告知的事项陈述清楚即可。办理性通告，在写通告事项时，往往采取分条列项的写法，将需要办理的事项或要求、规定等一一写明，有时还写上时间或地点。行止性通告，要根据有关政策规定，将需通告的事项写清楚，并指出若有违反者，应根据哪些政策规定加以处理。

3. 通告结尾，一般用“特此通告”之类的结语，以示强调，提请注意。也可不用结语，意尽言止，干净利落。说明“怎么样”。

(三)落款。落款一般要写明发文机关名称、发文日期、加盖公章。如果标题中已写明发文机关名称，落款处也可省略。在报刊上刊登可不盖章。

案例评析

【案例一】

道路施工通告

因56省道文成段路面维修施工，为确保施工期间道路安全畅通，根据《中华人民共和国道路交通安全法》第三十九条规定，现将有关事项通告如下：2010年8月7日至2010年9月20日，K44＋015－K53＋500(文成与瑞安交界至樟台段)白天6时至19时施工；2010年9月5日至2010年10月20日，K88＋000－K101＋200(百丈际至西坑段)白天6时至19时施工。道路施工期间，上述施工路段车辆限速20公里/小时，请过往车辆注意安全、服从管理、慢速通行。施工结束后，不另行通告。

××县公安局交巡警大队文成县公路管理段

二〇一〇年八月二日

【评析】 这是一篇典型的知照性通告。目的句开头，引出主旨，最后一句是分旨(要求)。主旨与分旨合为通告事项，只要写清楚通告事项的时间、地点、名目及要求即可。

【案例二】

××县移民开发局关于限期搬迁腾空房屋的通告

××水电站是国家批准建设的省重点水利水电工程，水库淹没红线范围内的××金矿生活区房屋必须全部拆除就地抬高复建，居住在该生活区的人员必须全部暂时搬迁。为做好金矿服务中心所属范围内居民移民搬迁工作，县委、县人民政府高度重视，成立专门工作组，几次召开职工、家属大会宣传移民政策，县领导亦多次实地调研和做工作。在此期间，我局在金矿服务中心范围进行《大中型水利水电工程建设征收补偿和移民安置条例》(国务院令第471号)和《××县人民政府关于公布××水电站××库区建设征地移民安置补偿标准的通告》张贴和宣传，县移民工作组会同××金矿服务中心制定和公布了《××金矿生活区移民安置方案》，并三榜公示。但原××金矿生活区住户无正当理由拖延搬迁，已严重影响××水电站工程建设的推进。为确保××水电站建设项目工程的顺利实施，根据《大中型水利水电工程建设征地补偿和移民安置条例》(国务院令第471号)的规定，现通告如下：

一、限××水电站淹没红线范围内的××金矿生活区有可动产的全体住户，于2011年9月28日以前，将所有可动产全部搬出该区域，腾空房屋。

二、逾期不腾空房屋者，我局将依法申请人民法院强制执行。

××县移民开发局

二〇一一年九月十五日

【评析】 这是一篇典型的办理性通告。主题突出，结构完整，逻辑严谨。开头第一段叙述了通告的根据及缘由，第二、三段分述了通告办理的具体事项及要求。

【案例三】

××市人民政府关于加强主城区春节期间燃放烟花爆竹管理的通告

为加强主城区春节期间燃放烟花爆竹的安全管理，防止人员伤亡和火灾事故的发生，保障国家、集体和个人财产安全，保护公民身心健康，创造良好的工作、生产、生活环境，根据《××市燃放烟花爆竹管理条例》(以下简称《条例》)有关规定，特通告如下：

第一条，适用范围。本通告适用于渝中区、大渡口区、江北区、沙坪坝区、九龙坡区、南岸区、北碚区、渝北区、巴南区等主城九区及经开区、高新区的城区限制燃放烟花爆竹的区域或场所。其他区县(自治县、市)人民政府应当根据《条例》规定，参照本通告精神，结合实际，发布具体实施的通告。

第二条，禁止燃放烟花爆竹的区域或场所。市、区国家机关办公场所；车站、码头、机场商场及其他人口密集场所；重要军事设施、仓库、市级以上文物保护单位等；加油(气)站等存放易燃易爆物品的场所及周边100米范围内；医院、幼儿园、敬老院、疗养院等；教学、科研单位的教学(含学生宿舍)、办公、科研场所；法律、法规、规章规定或者各级人民政府明令禁止用火的其他区域或场所；各区人民政府规定禁止燃放烟花爆竹的其他区域或场所。禁止燃放烟花爆竹的场所及其周边具体范围，由主城九区人民政府及经开区、高新区管委会督促产权或使用单位设置明显的禁放警示标识，并负责组织守护。

第三条，限制燃放烟花爆竹时间。在2007年2月17日(农历腊月三十日)至2007年3月4日(农历正月十五日)的上午7点至次日凌晨1点，可以在限制燃放区域内燃放烟花爆竹。14周岁以下未成年人燃放烟花爆竹的，应当由监护人或者其他成年人陪同看护。

第四条，烟花爆竹专营销售管理。限放区域内烟花爆竹实行定点销售，非定点的禁止销售烟花爆竹。单位和个人燃放的烟花爆竹产品，应当从供销合作社组织布点配送、安全生产监督管理部门批准、具有销售许可资格的专营销售点购买。各专营销售点要将销售许可证、工商营业执照和市供销总社统一监制的“烟花爆竹专营销售点”标识悬挂于醒目的位置。

第五条，烟花爆竹专营销售时间。在2007年2月13日(农历腊月二十六日)至2007年3月4日(农历正月十五日)21时，限制燃放区域内的各供销专营销售点允许销售烟花爆竹。严禁向14周岁以下的未成年人销售烟花爆竹。

第六条，严禁任何单位、个人非法生产、销售、储存、运输、携带、燃放烟花爆竹。不符合本市公布的规格和品种的烟花爆竹，禁止销售、储存、携带、燃放。严禁在公共汽车等交通工具上携带烟花爆竹。

第七条，违反《条例》规定，非法运输、燃放烟花爆竹的，由公安机关予以处罚；非法生产、储存、销售烟花爆竹的，由安全生产监督管理部门依法予以处罚；供销、质监、工商等部门按照各自职责配合公安机关、安全生产监督管理等部门对违反《条例》规定的行为予以处罚。

第八条，任何单位、个人应当自觉遵守《条例》规定，有权劝阻和向公安机关、安全生产监督管理、工商行政管理、供销合作组织等部门举报违反《条例》的行为。主城九区人民政府和经开区、高新区管委会应在本通告公布3日内向社会公布举报电话。

第九条，本通告中允许燃放的烟花爆竹是指封贴有由××市安全生产监督管理局和××市供销总社印制的监封标识的烟花爆竹。

第十条，本通告自2007年2月1日起施行。此前有关规定与本通告不一致的，以本通告为准。

××市人民政府

二〇〇七年一月二十二日

【评析】 这是一份典型的行止性通告。标题采用的是完整式写法，即"发文机关+事由+文种"。正文第一段概述通告的缘由，文种承启语后，分条列项地叙写了通告的具体事项、规定及要求。全文条理清晰，简洁明了。

实训课堂

1. 文种修改训练

回迁通知

原住××区××街的动迁户，于明年6月底前回迁。请所有回迁户持动迁证、动迁协议书以及交款单据，于5月底前，到我公司办理回迁手续。

具体办理时间：上午8时至12时，下午2时30分到5时30分。

特此通知。

××××房地产开发公司

××××年××月××日

2. 文种写作训练

某市人民政府经过邮电部门批准，定于××年×月×日北京时间零时起全市固定电话号码启用8位制，即由现在的7位数升级为8位数。升位办法：原来"8"字头的电话号码首位后加"1"；原来"2"至"7"字头的电话号码在首位前加"8"。电话号码升位后，所有7位电话号码无效。

请根据上述材料，以某市人民政府名义拟写一份通告。

相关链接

"通告"与"公告"的区别

1. 内容属性不同

公告用于向国内外宣布重要事项或者法定事项，兼有消息性和知照性的特点；与公告相比，通告的内容是在一定范围内应当遵守或周知的事项，具有鲜明的执行性、知照性。

2. 告启范围不同

公告面向国内外的广大读者、听众，告启面广；通告的告启面则相对较窄，只是面向一定范围内的有关单位和人员。

3. 使用权限不同

公告通常是党和国家高级领导机关宣布某些重大事项时才用，新华社、司法机关以及其他一些政府部门也可以根据授权使用公告。而通告则适用于各级行政机关和企事业单位。

4. 发布方式不同

公告多用登报、广播的方式发布；通告可用文本形式印发，也可以采用登报、广播或张贴的方式发布。

第四节　公　　告

知识扫描

一、概念

公告是党和国家的权力机关、行政机关向国内外宣布重要事项或者法定事项时使用的一种知照性公文，是《党政机关公文处理工作条例》中规定的 15 种公文之一。

发布公告的单位一般是国家立法机关或行政机关，地方行政机关、基层单位一般不能制发公告。

公告涉及的内容一般是国内外关注的重大事项，如国家领导人的任职或逝世，发布重要法规，宣布国家元首出访等。

二、种类

(一)知照性公告。通常用来公布重大事项，但和事项性公告相比，没有需要遵守的规定和要求，只有知照性的意义。

(二)发布性公告。通常用来发布法律、法规和其他重要法律文件时使用。其性质、内容和形式，都同发布命令相似，不同的是公告发布的法律和法规更为重大，如发布《宪法》的公告。

(三)事项性公告。用于公布需要社会和群众广为周知并需按照规定和要求执行的公务事项。

(四)强制性公告。除需广泛周知外，还带有强制性的执行要求。

三、写法

公告由标题、正文、签署、日期等几个部分组成。

(一)标题。

1. 发文机关＋文种。

2. 事由＋文种。

3. 文种：只写文种“公告”二字。

(二)正文。公告的正文由公告依据、公告事项及公告结语，如“特此公告”、“现予公告”等构成。

(三)落款日期。按常规在落款处写发文机关的全称。若以个人名义发布，应在姓名前写上职务。重要公告，将发文机关写入标题，落款可只盖公章。在签署下面写日期，有时并写发布公告的地点。

案例评析

关于发行一九九四年二年期三年期国库券的公告

根据《中华人民共同和国库券条例》的规定，现就发行一九九四年二年期、三年期国库券公告如下：

一、一九九四年二年期国库券，年利率13%，从4月1日开始发行，5月31日结束；二年期国库券从1994年4月1日起开始计算，1996年4月1日起一次还本付息。

二、一九九四年三年期国库券，年利率13.96%，从4月1日起开始发行，6月30日结束；二年期国库券从购买者购买之日起开始计息。

三、一九九四年二年期和三年期国库券对社会公开发行，居民个人和其他投资者均可购买。

四、以上国库券购采用单利方法计息，不计复利，有关发行与购买办法另行颁布。

特此公告

中华人民共和国财政部

一九九四年三月十八日

【评析】

1. 省略式标题：事由＋文种，省略了发文机关中华人民共和国财政部。

2. 第一段陈述公告依据，根据《中华人民共同和国库券条例》的规定。

3. 正文分四个段落陈述公告事项，条理清晰。

4. 公告结语“特此公告”。

5. 落款为发文机关全称，公文日期为大写。

6. 签字盖章——文件生效的主要标志。

实训课堂

结合所学公告相关知识，分析以下例文。

中华人民共和国外交部公告

中华人民共和国将自1997年7月1日对香港恢复行使主权之日起，启用中华人民共和国香港特别行政区护照。

中华人民共和国香港特别行政区护照是中华人民共和国护照的一种，持上述护照前往世界各国和各地区有效。中华人民共和国外交部请各国军政机关对持有人予以通过的便利和必要的协助。

根据《中华人民共和国香港特别行政区基本法》第154条的规定，中华人民共和国政府授权香港特别行政区政府依照法律向持有香港特别行政区永久居民身份证的中国公民签发中华人民共和国香港特别行政区护照。此外，按照国际惯例，中华人民共和国驻外国的外交代表机关、领事机关和中华人民共和国外交部授权的其他驻外机关也可办理签发香港特别行政区护照的有关事宜。

中华人民共和国外交部已开始通过外交或其他途径向世界各国提供中华人民共和国香港特别行政区护照样本及有关说明材料，并积极准备与有关国家和地区就香港特别行政区护照持有者免办签证事宜进行商谈。中华人民共和国外交部希望各国和地区积极考虑给予中华人民共和国香港特别行政区护照持有者免办签证的待遇。

一九九五年十一月十五日

【提示】

1. 这是一则重大事项性公告，是由能够代表国家行使行政职权的中华人民共和国外交部向国内外发布的重要事项。

2. 公告内容就香港特别行政区护照启用的时间、护照的性质、签发权限及使用范围做出了具体说明。

3. 公告语言简洁明了，表述庄严准确，格式严整规范。

第七章 祈请性文书写作

章节序言

“祈”，祈求、希望；“请”，请求、请示。祈请性文书是国家党政机关、企事业单位、团体及个人在日常学习、生活及工作中使用的一种带有祈请性的文书形式，通常是下级机关对上级机关有所请示或有所请求时使用的一种应用文种，在行文方向上属于典型的上行文，常用文种如请示、报告等，均属《党政机关公文处理工作条例》中规定的公文文种。

第一节 报 告

知识扫描

一、概念

报告是向上级机关汇报工作、反映情况、提出意见或者建议，答复上级机关的询问时使用的一种祈请性公文，是《党政机关公文处理工作条例》中规定的15种公文之一。

二、特点

(一)报告是陈述性公文，主要叙述事实，要掌握充分的材料，要详略得当，重点突出。

(二)上级不作答复，故而报告中不能夹带请示事项，但可以将建议性报告批转有关下级机关。

(三)报告在行文时间上一般在事情过程中间或之后撰写。

三、要求

主旨要新、材料真实、重点突出、详略得当，标题只能省略发文机关部分，不能夹带请示事项。常用结语可采用“特此报告”“专此报告”“以上报告如无不妥，请批转各地执行”等。

四、种类

(一)工作报告。工作报告是指汇报工作的报告。例如：下级机关向上级机关汇报某一阶段工作的进展、成绩、经验、存在问题及打算，汇报上级交办事项的结果，汇报对某一指示传达贯彻的情况等。

(二)情况报告。情况报告是指向上级机关反映情况的报告。例如，及时汇报本地区、本单位发生的重大事件，在一定范围内带有倾向性的情况，包括会议的情况等。

(三)建议报告。建议报告是指汇报或提出工作建议、措施的报告。下级机关或主管部门向上级领导机关提出工作意见，或贯彻某文件、指示的意见，或解决问题的措施、工作方案等。有的建议报告一般只要求上级机关认可，这类建议报告称为呈报性建议报告。有的建议报告要求上级机关批准转发给下级机关执行，这类报告称为呈转性建议报告。呈转性建议报告的特点是政策性强。工作意见或解决问题的办法措施，一旦经上级批准转发，就变成了上级机关的意志，体现了上级机关的意图，能领导和指导下级的工作。

(四)答复报告。答复报告是指答复上级询问事项的报告。例如，上级领导对群众来信来访中反映的问题或文件材料中反映的问题，批示下级机关查办，或询问有关情况，下级机关办理完毕，需用书面形式答复上级机关，此时使用的公文就是答复报告。

(五)报送报告。报送报告是报送物件或有关材料的报告。

五、写法

报告的结构包括标题、正文、落款三部分。

(一)标题。报告的标题可根据需要省略发文机关。事由和文种不能省略。另外，报告的标题容易出错的部分是事由，对事由要注意概括、提炼。

(二)正文。报告的正文一般包括缘由、事项和结尾三部分。各类报告正文的写作要领如下。

1. 工作报告。正文内容一般包括基本情况、主要成绩、经验体会、存在问题、基本教训、今后意见等几部分。

2. 情况报告。情况报告常用于向上级汇报下列事项：

(1)严重的灾害、事故、案情、敌情。

(2)重要的社情、民情，如社会生活中的新动态和上级某项有关国计民生的新政策、新规定的贯彻执行情况及群众的反映等。

(3)督促办理或检查某项工作的情况，如财务、税收、物价、质量、安全、卫生等项工作的检查结果。

(4)举办重大活动、召开重要会议的基本情况，各级各类代表会议的选举结果等。

(5)对某项工作造成失误和问题的检讨与反思。

(6)其他重要的、特殊的、突出的新情况。

情况报告写法不强求一律，但都要力求做到：内容集中、单一，突出重点，抓住事物本质，实事求是地反映情况；把情况和问题讲清楚，把事情的经过、原委、结果、性质写明白；提出处理意见和建议，要写得具体、明确、简要，尤其要注意提出意见、建议的角度，不能在报告中夹带请示事项；理顺文章的思路和结构，无论是纵式结构还是横式结构，都要脉络清楚，层次分明；写作要及时，以便让上级机关和有关领导尽快了解重大、特殊、突发的各种新情况。

3. 建议报告。建议报告分两类：一种是呈转性建议报告。一般要求上级机关批准转发给下级机关执行。并非只对本单位(只对本单位用“请示”)。结尾有专用语。另一种是呈报性建议报告。只对某类工作提出建议性意见，只要求上级认可，不要求上级批转。如：上级通知，要求反映问题。

建议报告的正文可分为情况分析和意见措施两部分。情况分析部分主要介绍情况，分析问题；或者肯定成绩，指出不足，总结经验教训；或者说明提出意见、建议的目的、原因和依据。这部分一般写得比较简明扼要。其后常以“特提出如下意见(或建议)”“拟采取如下措施”等语句领起下文。意见措施部分是在前一部分的基础上切合实际地提出做好某项工作的意见、措施、建议，这是这类报告的重点部分。意见措施部分往往采取条文式的写法，要求写得脉络清楚，逻辑严谨，主次分明。

4. 答复报告。答复上级询问、查询。如：对信访、上告、投诉的答复。答复报告的写作应有针对性，有问必答，不节外生枝。认真负责、求真务实。意见、措施具体、落实。

答复报告的正文包括答复依据和答复事项两部分。答复依据指上级要求回答的问题，要写得十分简要，有时一两句话即可。答复事项指针对所提问题答复的意见或处理结果，既要写得周全，又要注意不要节外生枝，答非所问。

5. 报送报告。报送报告的结构：报送说明＋报送材料、文件的名称、数量＋结语(“请查核”类)＋附件。

(三)结尾。一般报告结尾都有提出要求的习惯用语，根据报告的不同内容使用不同的习惯用语。除呈转性建议报告常以“如无不妥，请批转有关单位执行”的请求式用语作结，非呈转性建议报告用“请审批”“请指示”“以上报告，请审核”等作结外，其他各类报告常以“特此报告”“专此报告”“请审阅”“请批示”等用语作结。

案例评析

【案例一】

××市人民政府贯彻

《国务院关于加强国有资产管理工作的通知》的情况报告

国务院：

现将我市贯彻《国务院关于加强国有资产管理工作的通知》的情况报告如下：

一、开展对国有资产的调查统计工作，主要是调查统计全市国有资产存量，掌握资产分布的现状及其经营效益，了解资产管理中存在问题，为“八五”期间开展清查资产，核实国家资金做好准备。在清查国有资产存量中，我市采取了“先预算内后预算外，先账内后账外，先市内后境外”的做法，逐步摸清了全市国有资产的底数。国务院计划在“三五”期间进行清产核资，我们认为这是一项非常重要的工作，我市将根据国务院的部署，积极开展清产核资的试点。

二、对“撤、并”的公司做好国有资产的清理、评估、划转和收缴工作。我市由清理整顿公司领导小组负责清理、整顿公司。对确定“撤、并”的各类公司，从保护国有资产、防止国有资产流失出发，市政府已责成市财政局负责国有资产的清理、评估、划转和收缴工作。

三、加强企业的国有资产管理。在工业企业产业结构调整中，由我市经委牵头，国有资产管理机构参与组建企业集团、联合经营、企业兼并和其他各种试点涉及国有资产管理的工作，积极推进国有资产存量合理流动，提高经济效益。

四、纠正损害国有资产产权的行为。市政府已责成有关部门深入进行检查，如发现问题，要采取相应措施予以纠正。同时，研究如何加强对股份制企业、企业兼并、中外合资经营企业的中方资产管理等。此外，还将研究国有资产产权界定政策、闲置设备的调剂办法等。

五、逐步建立资产评估机构。我市将陆续开展对评估机构资格审查和颁发资产评估资格证书，以适应对外开放的需要。

六、研究成立国有资产管理机构。我市已在市财政局内设有国有资产管理处，开展国有资产管理工作。待条件成熟后，将研究成立市国有资产管理局，并在各区、县财政局和直属财政分局内相应增挂国有资产管理科(股)牌子，设专人负责，逐步理顺国有资产管理体系。

随着××的开发及××改造的推进，××国有资产管理任务很重。我们按照国务院的要求，进一步把有关工作做好，请财政部和国家国有资产管理局继续给予指导和支持。

以上报告，请审阅。

××市人民政府

××××年××月××日

【评析】

1. 这是一则向上级机关汇报有关情况的情况报告。
2. 标题为完整式标题。
3. 行文就通知精神的落实情况展开报告，内容完整，思路清晰。
4. 报告格式规范，要素完备，文风简洁。

【案例二】

××建筑公司2014年职代会行政工作报告

各位代表、同志们：

下面，作为总经理，我向大会做行政工作报告，请各位代表予以审议，请列席会议的同志提出意见和建议。

一、2014年工作简要回顾

（一）2014年××建筑公司深入贯彻落实科学发展观，按照省公司工作会议精神，结合公司实际，深入开展"安全生产执行力建设年、质量精细化管理年、效益提高年、队伍建设年"四个主题年活动，采取有力措施，确保了公司的可持续发展和安全稳定的大局，各项工作均取得较好业绩：承建的××发电厂四期工程荣获2014年度"中国电力优质工程""中国建筑工程鲁班奖"；××文秘网电力中心医院康复楼扩建装饰工程获得××建筑装饰装修业"雁塔杯"；2014年10月国网直流公司组织的全国秋季安全大检查中，500 kV××直流变项目以严密的管理、精湛的施工工艺获全国第二、××第一；经过多方努力公司还成功取得"土石方专业承包壹级"资质、"商品混凝土工程专业承包二级"资质；全国第四批"精神文明建设先进单位"、省公司"四好班子"和"电网建设先进单位"；公司主编的国家规范《双曲线冷却塔施工与质量验收规范》和行业规范《电力建设施工技术规程》（建筑工程篇）已编写完毕，正在修改中，受到上级高度赞誉。公司的社会知名度、美誉度和团队战斗力、竞争力进一步提升。

（二）实现了第三个安全年目标。2014年，公司以开展"安全生产执行力建设年"活动为契机，加强安全生产管理制度建设，建立健全风险管理和应急管理体系，强化安监队伍建设，严格高危作业分级管理，加大事故隐患排查力度，克服冰灾、地震等自然灾害，有效杜绝了各类安全事故的发生。加强在建项目安全管理"六化"建设，在电源、民建和电网建设三个方面形成了多个文明施工亮点，展示了公司的管理实力，树立了良好的企业外部形象。围绕"治理隐患，防范事故"这一活动主题，开展了安全知识竞赛、安全演讲、安全操作技能比武等活动，营造了浓厚的安全生产氛围。

（三）经营管理水平明显提升。开展"效益提高年"活动，实施哑铃式管理，重点抓市场开发和工程结算，中间夯实基础、拓展途径、精细管理。在市场开发上，完善资质，坚持电建、电网、民建、国外四个领域共同发展，在互利双赢的前提下，积极与国内几家电建企业合作，市场开发成绩斐然；在工程结算上，加快完工项目债务清理、抓好收尾项目资金结算回收和在建项目的资金管理工作，缩小应付文秘杂烩网和应收工程款的数额，2014年共结算20个项目，占应结算项目24个的83.3%；在项目管理上，积极推行项目"经营策划"管理，实现项目经营管理全过程控制；在资金管理上，取得了多家金融机构的授信，被建设银行内部评定为"AAA"级企业，使得公司办理各类投标、履约保函不再给银行抵押任何资金。公司使用"银行承兑汇票"支付各类款项，节约了大量流动资金，加速了公司资金的周转率。并坚持勤俭办企业，合理控制公司运营成本，降低管理费用，挖潜提效，顺利通过省公司资金安全检查工作和多项审计工作。

（四）质量管理取得新突破。开展"质量精细化管理年"活动，在项目质量管理上推行"样板"引路，树立了公司品牌，实现了工程质量全面提升。在电网建设项目上，在10月份国网直流公司组织的全国秋季安全大检查中，500 kV宝鸡直流变以严密的管理、精湛的施工工艺获得全国第二、××第一的好成绩；在电源建设上，××、××两个项目狠抓质量管理，备受业主和专家好评，为下一步开拓陕北、内蒙古市场奠定了基础。××热电项目因公司工程质量好，业主××电建主动将其两个项目施工任务指定由公司施工，并期待长期合作；在民建施工上，××供电局生产营运大楼项目，质量管理从源头抓起，从队伍的选择到严格过程管理，克服质量通病，成效显著，多次受业主及相关专家好评。公司建立了适应公司发展所需要的生产组织模式，凸显专业公司在公司施工生产中的骨干力量作用。

（五）规范对在外从业人员管理，明确了劳资关系，按照国家新颁布的《中华人民共和国劳动合同法》，完善对在外从业人员管理的相关手续，规避劳资纠纷；把完成目标任务作为考察领导干部政绩和能力的主要指标，“以效果论成败，以业绩论英雄”的工作理念基本形成。

（六）和谐企业建设有序推进。全力推动××新区的职工住宅楼建设，帮助成立××新区业主管理委员会，目前职工住宅楼已顺利施工至12层。对××基地进行了暖气、配电室改造，增加了电子监控摄像头，确保了职工生活品质提升。××基地住户房产证办理1 800余户，××基地住户房产证办理工作也在有条不紊地进行，解决了职工后顾之忧。对特困职工在重要节日进行慰问，并与班子成员开展“一帮一”帮困，受到职工的高度赞扬，促进了企业和谐发展。

（七）精神文明建设、思想政治工作取得新进展。一是认真学习贯彻党的十七大精神，进一步增强思想政治工作和精神文明建设工作的针对性，把思想和行动统一到公司的决策和部署上来。通过经常性思想教育和疏导工作，确保了职工队伍稳定；二是以开展“企业文化建设年”活动为契机，加速企业文化向各个领域的渗透，以“厚德载物”“做事从容、待人宽容”、以德治企与依法治企相结合的特色企业文化统领各项工作，紧密结合公司施工生产经营，深化了安全文化、服务文化建设，塑造了企业个性文化，构建上下同欲、政令畅通的精神文化，树立了以人为本、人尽其才的人本文化，有力地推动公司的各项管理再上新台阶，为创建“和谐公司、平安公司、活力公司”提供了文化支撑，使企业凝聚力、向心力不断增强。

同志们，2014年是极不平凡的一年。这一年，我们审时度势，及时调整工作思路，辛勤工作，克服了重重困难，使各方面工作都取得了较好的成绩。在此，我代表公司向你们并通过你们向辛勤工作的全体广大干部职工表示衷心的感谢和诚挚的慰问。向离退休老干部、老职工及广大家属同志们给予的理解和支持，表示衷心的感谢。在看到成绩的同时也应清醒地看到面临的困难与挑战。

一是安全生产的形势依然严峻。公司目前承建施工任务多为高危作业项目，交叉作业多，业主要求工期紧，安全生产管理工作始终处于高风险之中，确保安全生产的任务依然十分艰巨。

二是质量管理有待进一步加强。尽管2014年公司质量管理较好，开创了市场开发新局面，但仍有个别项目管理人员质量意识淡薄，缺乏“精品意识”和“艺术品工程意识”，在过程管理中标准不高，要求不严，责任心不强。

三是个别管理者对项目的管控能力较差，导致项目管理亏损。

四是个别项目产生较大价差、量差，尽管进行了多次沟通，有了一定进展，但仍存在经营风险。

五是公司经营管理工作还需进一步提高，成本控制、周转料具、机械设备管理上还存在一定差距，使公司发展及维护稳定的工作压力进一步加大。

二、2014 年的工作展望

2014 年的工作思路：以十七届三中全会精神为指导，进一步贯彻科学发展观，以人为本，以经济效益为中心，以品牌经营为方向，以精益化管理为手段，以德治企和依法治企相结合为保障，切实提高执行力，全面提升公司管理水平，提高市场竞争力，实现公司持续发展。

2014 年奋斗目标：

——职工收入较上年增长 5%以上；

——确保省公司下达的各项指标按期完成；

——安全生产实现"四不发生，一控制，一实现"目标，即：不发生人身死亡事故，不发生一般机械事故、不发生一般火灾事故、不发生负主要责任的交通事故，控制人身重伤事故，实现第四个安全年目标；

——工业建筑单位工程合格率 100%，优良率 85%以上；民用建筑单位工程合格率 100%；

——市场开发 7 亿元，奋斗目标 8.5 亿元；

——企业稳定，全年不发生任何越级上访和其他不稳定事件。

为实现上述目标，2014 年应重点抓好以下几项工作：

(一)全力开拓市场，确保企业可持续发展。国家扩大内需的经济政策给我们市场开发工作带来了新的机遇，一是要抢抓机遇，积极进行信息收集、筛选，抓好工程项目前期跟踪、市场调研工作；二是要加强对外业务联系，加强和各界的合作，争取建立长期合作伙伴关系，拓宽工作领域，以弥补资质的不足；三是要争取办理好"二级电力承装许可证"升一级、"钢结构工程专业承包一级"、"房地产开发企业资质"和"工程监理企业资质"的工作，以扩大公司经营范围，增强企业在市场上的竞争实力；四是结合公司实际，完善公司"市场开发奖励办法"，加大奖励力度，起到激励作用，形成全员开发的新局面。

(二)强化品牌意识，实现质量管理精益化。优良的工程质量就是市场的准入证，这一点我们在 2014 年的市场开发上得到了印证。所以，2014 年继续坚持"样板"引路和质量回访制度，以优质的服务和优异的工程质量服务业主，维护公司良好的品牌形象。在质量管理上要从精细化到精益化转变。要突出"精"，即在质量上追求"尽善尽美""精益求精"，坚持把隐蔽工程当作外露工程施工，外露工程建成艺术品工程，层层落实质量管理人员职责，做到质量管理每个环节有人负责，不留死角。做好工程的开工策划、工程的竣工移交和过程控制管理，使整个质量管理始终处于可控、能控、在控状态；"益"要突出在质量管理投入的成本上，要运用科技手段，争取实现少投入资金、少消耗资源，以最少的投入，取得最大的效益。同时要进一步抓好质量人员队伍建设，以培训为依托，在提升业务素质的同时，要把责任心教育和职业操守教育放到重要的位置上来讲，全面推动公司质量管理再上新台阶。

（三）始终不渝地抓好安全生产管理，确保安全万无一失。安全是一切工作的基础，要深刻理解安全工作和其他工作“1”与“0”的关系。尽管我们已实现了近 1 500 个安全生产日，但仍丝毫不能松懈，要以强执行、严标准、夯基础、建长效的工作思路和严管理、细检查，除隐患、重一线的工作原则，进一步落实各级人员的安全生产责任制。加大对重大危险源排查、控制和管理，加强对大型机械、分包队伍的管理，强化高危作业项目的预控工作，落实施工安全生产措施。在做好公司一级高危作业监护指导的同时，把项目二级高危作业纳入公司控制。要坚持专项检查、季度检查、日常巡查相结合，要有重点、有措施，做到细节管理，通过抓“小事”，防止出“大事”。组织开展多样的安全文化活动，塑造“超前严防风险、平日作业严管、随时准备应急、能控在控安全”的企业安全文化，形成自觉规范的安全氛围。

（四）继续强化经营管理，实现经营绩效的全面提高。面对当前经营形势和省公司要求，要强化过紧日子的各项工作措施，积极进取、量力而行、稳健经营，更加注重勤俭节约、增收节支，切实管严、管细、管出成效，提升公司经营绩效。一是在项目管理上，继续深入开展项目生产经营策划管理，强化成本管理，特别是物资采购和外包工结算。加强内部控制管理，必须坚持定期召开经济活动分析会，并留下记录，确保项目成本始终处于可控在控状态；二是要抓好收尾项目结算，加快已结算项目资金回收和债务清理，缩小应付和应收工程款数额，降低经营风险。资金分配要召开资金平衡会，坚持同比例付款。协调好公司、二级单位同供货商及外包队的关系，实现稳定，确保公司资金账户安全；三是要增强法律意识，提高合同管理水平，细化合同条款，杜绝合同漏项，降低经营风险；四是要加大市场调研力度，发挥价格信息作用，坚持“等质低价”原则，降低采购成本。强化基层单位招标，公司评标、定标制度。规范物资采购、保管存储、消耗使用、回收利用和处置，防止资源流失和财产损失；五是在工程分包上，坚持引入新队伍原则，以形成竞争，达到项目成本降低的目的；六是要加大对项目的审计力度，特别是亏损项目。对因管理不善导致亏损的，领导班子不能兑现，同时要同个人风险抵押金挂钩。对因政策性亏损的项目，要审计是否做到减亏，不能因为是政策性亏损就放松管理，导致更大的亏损。

（五）完善创新公司发展的机制和体制，实现经营目标。一是要继续强化专业化管理。建筑、烟塔、安装公司要按照公司的总体思路，继续深入探索施工队伍的组织管理模式，进一步完善适应公司发展所需要的生产组织模式，其他专业公司要充分发挥自身优势，做强做大，凸显专业公司在公司施工生产中的骨干力量作用。专业公司和项目部要顾全公司发展大局，认真执行公司决策。项目部使用分包队伍必须有资质，使用公司施工队伍必须同专业公司签订施工合同，资金支付必须支付合同签订方。要注重关系协调，减少内耗，不折腾；二是深入推进专业公司专业化管理，市场化运营模式。今年料具公司、机械公司、中心试验室将作为试点，在公司内部模拟市场按市场化运营的模式自负盈亏，进行运作。三个公司要切实加强管理、提高效益，更好发挥作用；三是继续创新用人、分配、监督、考核机制。在干部任用上坚持德才兼备、德字为先的原则，做到有德有才，破格使用。有德无才，培养使用。有才无德，限制使用。无德无才，坚决不用。把那些德才兼备、实绩突出和群众公认的同志及时选拔到领导岗位上来，对那些工作中不讲原则、不负责任、不干实事，群众口碑差的干部及时进行调整。加大干部交流力度，实现机关和二级单位、二级单位相互之间的干部纵向和横向交流。今年将对部分财务人员、物资管理人员和计划人员进行交流轮岗。要突出"以业绩论英雄，以绩效定薪酬"的激励机制，坚持结果导向论，严格考评制度。对领导干部实行经济责任制考核和四好班子考核相结合，建立末位诫勉谈话、批评教育、淘汰制度。对管理干部则实行晋升、晋级靠业绩，提高待遇靠贡献的新机制。

(六)加强队伍建设，不断提高企业竞争力。要坚持以人为本，着力提高干部员工的能力和绩效，做到讲诚信、说实话、办实事、求实效。重点抓好对领导干部、管理干部和员工三支队伍的建设，打造一流团队，全面提升企业竞争力。

在领导干部队伍建设上，一是要加强两级班子的政治理论学习，通过学习不断修正个人三观，提高管理者的政治素质，使管理者在施工生产经营管理中始终能和公司保持一致，服从公司大局，认真执行公司决策；二是要不断加强思想作风建设，要力戒"表面、表层、表演"，发扬"三吃一担"精神(不怕吃苦、吃亏、吃气、担风险)；三是深化执行力建设，强化问题管理，提高管理者的谋事水平、决策水平、日常工作推进水平。管理能力强的管理者，公司会继续为其搭建展示才能和晋升的平台。管理能力差的，将调整到适合其工作的岗位；四是要提高管理者业务水平，作为一名管理者，必须要有学习力，要不断地进行知识储备和更新，完善知识结构，要对职责范围内所涉及的知识必须了解，只有对业务工作的认知度提高了，决策才能减少偏差，工作质量才能得以提高；五是要抓好廉政建设，管理者要严格执行党和国家的方针政策，模范遵守公司的各项规章制度，管好自己的家属、子女和身边工作人员，不为配偶、子女和其他特定关系人从事营利性经营活动提供便利条件，不利用职务上的便利为本人或特定关系人谋取利益，不授意财会人员提供虚假财务报告，不违规领取兼职薪酬，树立企业正气，规范管理行为，促进公司又好又快发展；六是要密切干群关系。管理者与下属要进行平等沟通，与员工交朋友，能听取员工所提的建议和意见、帮助员工解决实际困难。要以家长爱护子女的心态去对待每一位员工，帮助员工进行职业生涯设计、为员工搭建展示才华的平台，让大家始终感到只要努力工作就有升职加薪的机会。要将西方严谨的科学管理和东方人情味较重的管理相结合，多关心下属的工作和生活，帮助他们解决生活中、工作中存在的实际困难，让他们没有后顾之忧，开心工作、快乐工作、努力工作。

在管理干部队伍建设上，要侧重业务素质的提升。对管理干部实行考核管理，公司各业务部门制定考核办法，负责对全公司各业务系统人员的考核，一年一淘汰，形成良性循环。

在员工队伍建设上，要以专业公司管理为主，项目管理为辅，相互积极配合支持。要加强教育培训，一是迎合市场需求，分层次、类别对员工进行业务知识培训，及时调整优化公司人才结构。二是对员工进行企业文化的宣导渗透，培养共同价值观，增强企业竞争力。

通过对三支队伍的建设，打造一支勤勉敬业、积极上进、勇争一流的坚强团队，支撑公司持续平稳发展。

（七）发挥公司机关管理职能，切实提高管理水平。要充分发挥公司机关“决策、指导协调、服务、监督”的重要管理职能，大力推进程序化、标准化、规范化管理，做到凡事有章可循、凡事有人负责、凡事有人监督、凡事有据可查，全面提高办事效率及管控能力。一是在决策上，机关各部门要狠抓对公司领导决策的全面落实，对解决基层单位存在的问题，要按公司规章制度并结合实际，快速科学决策；二是在指导协调上，要深入基层检查指导业务工作，帮助基层落实公司的各项决策；三是在服务上，机关各部门要经常深入基层进行调研，听取基层对公司各项管理工作的建议，对合理化建议积极采纳，及时修正、修改公司有关规章制度。对基层单位存在的问题，相互之间的矛盾，要积极协调解决；四是在监督方面，公司坚持以德治企和依法治企相结合。重点要监督公司各项规章制度的执行和落实，发挥权力制衡机制的效用，达到“增效益、防风险”的目的。要通过发挥纪检监察、财务审计稽查、物资稽查等部门的职能作用，加强各项工作的过程监督，发现问题，及时纠偏。

（八）围绕中心服务大局，全面加强思想政治工作和精神文明建设。认真学习贯彻党的十七届三中全会精神，将科学发展观落实到公司发展的各个方面。一是坚持开展“人人讲诚信”活动，通过活动的开展，提高员工的道德素质；二是不断深化公司企业文化建设，对企业文化进行补充提炼，将“厚德载物”“做事从容、待人宽容”、依法治企和以德治企业相结合的特色企业文化渗透到公司的各个管理环节，增强企业凝聚力和向心力，有力地推动公司的各项管理再上新台阶；三是进一步完善维护稳定工作机制，妥善处理好改革发展稳定的关系，从政治、生活和工作上关心职工群众，发挥思想政治工作的宣传疏导作用，把解决问题与思想教育结合起来，营造和谐稳定的发展环境；四是抓好员工学习，强化员工的学习力，通过学习提高业务素质和思想素质，为创建“和谐公司、平安公司、活力公司”提供文化支撑，打造一支坚强有力、勇于开拓的战斗团体。

同志们，“宝剑锋从磨砺出，梅花香自苦寒来”。2014 年将是公司发展道路上非常困难和关键的一年，让我们团结起来、坚定信心，把握机遇、迎接挑战，继续发扬我们骁勇善战的电建人特别能吃苦、特别能战斗的拼搏精神，把智慧融入工作，用行动开拓未来，全面提高公司发展质量和管理水平，实现公司的持续平稳发展。

谢谢大家！

【评析】 这是一份典型的工作报告范文，文中首先是回顾和总结上一年度工作，然后找出问题和不足之处，最后是下一年度工作展望。内容翔实，结构清晰合理。

实训课堂

案例修改。

××学院关于要求修建宿舍的报告

××教育厅：

由于我院近两年来招生情况良好，原有学生宿舍已远远不能满足住宿需求。为不影响我院下一年度招生，特申请修建宿舍楼两栋，另申请原有宿舍维修费用20万元。

××学院

2014年11月15日

第二节 请 示

知识扫描

一、概念

“请”是请求，“示”是指示、明示。请示是下级机关向上级机关请求指示、批准的文件，是应用写作实践中的一种常用文体，属于上行文，祈请性文书的典型文种之一，是《党政机关公文处理工作条例》中规定的15种公文之一。

二、范围

请示的使用范围限于处理超出自己职权范围的工作、超出自己认识范围的工作，即在权限不够、能力不足、认识不清的情况下使用的一种带有请示性的上行文种。

三、类型

(一)请准型请示。请求批准办理某件事。下级认为办事条件成熟而批准权力在上级，此时需要请求上级批准予以办理。如果某事牵涉到其他部门，下级机关为了执行方便，也请示上级机关在同意办理的同时将“请示”批转相关部门。

(二)请帮型请示。请求给予思想上或者物质上的帮助。请示时要重点讲清需要帮助的地方，以便获得上级实质性的帮助。

四、要求

(一)主旨集中，一事一请、一文一事。一份请示只能解决一个问题，不能同时将几件事并在一文中请示，以免内容繁杂而影响批复的时间。请示的每个部分也要集中围绕所要请示的问题来写。

（二）不能多头主送，主送机关有且只有一个。请示是报请性的上行公文，不能多头主送，只能主送一个上级机关。如需同时送其他机关，应当采用抄送形式，但不得同时抄送下级机关。受双重领导的机关在报送请示时，根据内容写明主送机关与抄送机关，由主送机关负责答复。除领导交办的事项外，请示不得直接送领导者个人。

（三）逐级请示，不得越级行事。请示应按机关的隶属关系逐级报送，在一般情况下，不得越级请示，若因特殊情况必须越级请示，也要抄送被越过的上级机关。

（四）请示理由要充分，有理有据。请示首先要提出请示的理由，即为什么要请示，其必要性所在，在说明必要性的同时，还要陈述解决请示事项所具备的有利条件及实现的可能性，为领导机关批准提供有说服力的事实与根据。通常情况下请示缘由越充分，请示被批准的可能性会越大。

（五）请示事项要明确。请示事项是请示写作的核心内容，阐述请示事项时要尽量清楚明白，不可使用一些模棱两可的语言，或尽量避免一些晦涩难懂的语言，力求简明扼要，清晰透彻，还要根据本地区、本单位的情况，适当地提出一些执行和办理的具体意见，供领导机关批复时参考。

（六）请示是请求上级批准某一意见或建议，或指示某事应如何处理，下级不能在未获批复前擅自做出决定。

五、写法

请示包括标题、主送机关、正文和落款几部分。

（一）标题。请示标题包括发文机关、事由和文种，发文机关有时可以省略。写标题要注意，不能将"请示"写成"报告"或"请示报告"。标题中尽可能不要出现"申请""请求"之类词语。

（二）正文。请示的正文由请示缘由、请示事项和请示要求组成。

1. 请示缘由。请示缘由，就是提出请示事项和要求的理由、背景及依据，要写在正文的开头。缘由是写作请示的关键，关系到批不批的问题。

2. 请示事项。请示事项，是指请求上级机关批准、帮助、解答的具体事项。写作请示的事项，要做到：符合国家法律、法规；符合实际，具有可行性和可操作性；具体、明白，并做出具体的分析；分清主次，条分缕析。

3. 请示要求。为了使请示的事项得到答复，发文机关一定要提出要求。请示的要求常用的写法有："以上请示，请批复""以上意见当否，请指示""以上请示，请审批"等，虽然是很简单的一句话，但却是请示必不可少的内容。

案例评析

关于拨给教学设备购置经费的请示

市教育局：

为了迎接省高教厅今年下半年对成人高校实验室进行评估，为适应我院发展，进一步开展电化教学，我院计划今年建立“制冷工程实训室”和“电子、电工实验室”，现有的三个电化教室也需要充实。为此，特申请教学设备购置经费五十万元。

以上请示，请批复。

××学院

××××年××月××日

（印章）

【评析】 这是一则典型的请帮型请示，请示缘由充分，请示事项明确，请示语使用准确，行文格式规范，是一则比较规范的请示。

实训课堂

修改下列文种。

关于成立××服务部的报告

××粮食局党委：

根据省人民政府××号文件关于坚持多种经营，搞活经济，可以创办服务业、饮食业、加工业的指示以及上级指示精神，我厂计划在环城西路开设加工服务部，对外营业。现将需要解决的有关问题报告如下：

一、在加工服务部设立饮食部，经营包子、馒头、面条，独立核算，自负盈亏。

二、饮食分部招收5名工人，招收的工人福利待遇同合同制工人。招收办法采取自愿报名，统一考核，择优录用。

妥否，请批复。

××面粉厂

××××年××月××日

相关链接

报告与请示的区别与联系

1. 概念不同

请示是向上级机关请求指示、批准，报告是向上级机关汇报工作，反映情况，提出意见或者建议，答复上级机关的询问。从请示与报告的概念定义可以看出，请示是下级在遇到本单位权限范围内无法决定的重大事项，如机构设置、人事安排、重要决定、重大决策、项目安排等问题以及在工作中遇到新问题、新情况或克服不了的困难时请求上级给予指点，说明处理的原则和方法，或下级为了搞好工作，打算进行某些活动和事项，而决定权又不在本单位，特拿出意见，报请上级给予批复；报告则多是下级在本单位权限范围内向上级机关汇报工作、反映情况、陈述问题，提出意见和建议、报送表册资料或物品以及回答上级的询问。

2. 行文不同

请示与报告虽同为上行文，但在行文上却存在很大区别。

(1)行文目的不同。请示是请求性公文，重在呈请，行文宗旨是希望得到上级机关的支持或批复；报告是陈述性公文，重在呈报，行文宗旨是下情上达，使上级机关及时了解情况，掌握动态。

(2)行文作用不同。请示作为请求性公文，要求上级必须做出批复，体现了请示主旨的求答性与执行性的统一，这是请示所独有的；而报告只是陈述性公文，主要叙述事实，起备案作用，不需上级做出答复(呈转性报告除外)。

(3)行文时间不同。请示必须在事前行文，绝不允许先斩后奏；报告则比较灵活，尽量事前行文，但视情况需要也可事后报告或在事情进行过程中随时报告。

(4)主送机关不同。请示必须坚持主送一个机关(受双重领导的机关可同时抄送另一个领导机关)，因为多头请示易造成意见不一或互相推诿，从而延误时间，贻误工作。而报告一般应坚持一个主送机关，根据需要可同时报送两个或多个主送机关。

(5)行文内容不同。请示必须坚持“一文一事”原则，文字简洁，内容单一，主题明确，以免使原来分属不同机关部门负责的若干事情混到一起，以便于上级批答处理；报告可以是“一文一事”的专题性报告，也可以视情况将若干有关联的事情综合在一起陈述，形成综合性报告。还有一点必须注意的是，请示之中可以包含原本属于报告的内容，作为背景或缘由而使请示事项获得一种充足支持；但在报告中则不可以包含任何属于请示的内容，以免领导忽视对所请示问题的处理，从而影响工作。

(6)正文的格式不同。请示行文简单，开头写明请示理由，接着提出请示的具体事项和问题。对已决定拟办的事项则应提出处理意见或建议，最后用谦恭恰当的期复性语句作结。报告的正文，特别是汇报工作和反映情况的报告，一般涉及面广，篇幅长，写法多采用总述与分述相结合。正文开头部分进行总述，概括说明诸如有关工作的背景、总评价等，然后在主体部分分述，将报告的内容分条列项一一加以具体说明。

(7)结束语不同。请示与报告都要在结尾处提出希望和要求，但请示是向上级机关请求批准急需得到解决的问题，行文用语应恳切谦恭，一般用“当否，请批示”“以上请示如无不妥，请批准”“可否，请指示”等固定结语，且结语应单独成段；而报告是向上级汇报反映情况，无须批准，无固定用语，常用的有“特此报告”“以上报告如有不妥，请指正”等结语，但绝不能使用类似“请批示、批准”等结语。

3. 归档不同

作为收文机关，请示应该归于“批办类”，供有关领导及时批阅、审查，给予回答；报告则应归于“传阅类”，相对于请示来说，有关领导可以先办紧要事，后看报告一类的公文，主要了解下情，不用回答。

作为发文机关，请示类文件归档时应尽量将上级机关的批复一并归档处理；报告类则无这种要求。(节选自公文网)

第三节　批　复

知识扫描

一、概念

“批”是批示，“复”是答复。批复是上级机关答复下级机关请示事项时使用的一种下行公文，是《党政机关公文处理工作条例》中规定的15种公文之一。

二、范围

批复的直接对象只能是请示单位。省、市以上的领导机关较多使用批复，而一般的机关多用复函。重要的、影响大的事情多用批复，一般事务性的、涉及面不广的用函。

三、写法

(一)标题。标题一般采用完整式，不能只写“批复”。不能省略受文机关、发文机关和日期。

(二)主送单位。批复的主送单位只能是请示单位。谁请示给谁批复。

(三)正文。

1. 引语。第一句话或第一段写清楚下级机关请示的问题或文号；简要引述来文请示的事项。通常用“××文已收悉(收到)，经研究答复如下”引出下文。

2. 主体。根据相关政策、规定对请示对象提出的问题进行答复，答复必须明确，不同意的还需要说明不同意的理由。有时同意的事项需要指出如何保证批复事项的完成，或者防止某些问题的发生。

3. 结尾。正文之下另行写出“特此批复”“特此函复”作结。

4. 落款日期。

5. 签字盖章。

案例评析

【案例一】

国务院关于将辽宁蛇岛、老铁山划归国家重点自然保护区
给辽宁省人民政府的批复

辽宁省人民政府：

省辽政发[1980]190号文收悉。国务院同意将蛇岛、老铁山候鸟停歇站列为国家重点自然保护区，由你省环境保护部门归口领导。

蛇岛盛产蝮蛇，是研究海洋岛屿生态系统和蝮蛇生态学的理想基地。蝮蛇及蛇毒有很高的医药和经济价值。老铁山是候鸟迁徙的重要停歇站，每年有大量的多种珍贵候鸟经过这里停歇，认真管理好这个地区，对于保护候鸟资源有着重要意义。请你省建立必要的管理机构，搞好保护区的规划和科学研究，按自然保护区的要求，采取有效措施保护修鸟和发展蝮蛇资源。保护区所需人员编制、经费、物质(资)、设备等应纳入省的计划。

中华人民共和国国务院

1980年8月6日

【评析】 这是一则国务院写给辽宁省人民政府关于将辽宁蛇岛、老铁山划归国家重点自然保护区事宜的批复。

1. 标题为完整式标题。

2. 主送明确。

3. 批复信息明确。

4. 落款处日期书写应改为大写。

【案例二】

关于成立××区环保局团委的请示报告

××区人民政府、区直属机关团委：

目前，我局团总支已不能适应形势发展和工作需要，我局打算成立××区环保局团委。其原因是我局近年来人员结构发生较大变化，年轻人逐年增多，截至2004年底全局共有35岁以下年轻人201人，其中团员125人。按照我局2005—2007年人才储备计划，我局利用3年时间从高校毕业生中每年招聘100名本科生或研究生，这样，年轻同志的比例还会有较大提高。正因为如此，成立××区环保局团委势在必行，现将我们的想法汇报如下：

一、团委直属我局领导，拟设科级建制。

二、团委拟设行政编制两名，其中团委书记1名(正科级)，团委副书记1名(副科级)。编制由局内调配解决。

三、由于我局财力紧张，难以添置办公设备，请上级拨给办公设备购置费2万元。

请务必批准！

2005年2月28日

【评析】 这是一则有着明显缺陷的请示，其不足主要表现在以下几个方面：

1. 外在结构。和一般的文学作品相比，应用文具有独特的模式化特征。这种特征在事务文书和科技文书中多表现为约定俗成性，而在公文、法律以及法规性文书中则表现为“法定使成性”。作为法定公文的请示，其结构模式具有鲜明的法定性和权威性，是不能自由变更的。它的外部结构主要由标题、主送机关、正文及落款等要素组成。

(1)标题。请示通常采用完全式标题，即由发文机关、请示主题和文种几部分构成(也可省略发文机关)。标题中不允许出现"请求指示""请求批准""请求解决"之类的词语,也不允许与报告等上行文书混用。显然,例文标题违背了请示标题的拟定原则,应该删去"报告"二字。

(2)主送机关。违背了请示关于主送机关的写作要求,从全文的内容来看应将"××区人民政府"删去。

(3)落款。落款处应当用全称或规范化简称,位于正文的右下方。成文日期应当写明年月日,位于发文机关署名右下方。

2. 内在结构。

(1)内在结构的逻辑顺序。所谓内在结构,是指文章内部的组织构架。合理地安排结构是为了运用材料主次分明、条理清晰地表现主旨,对文章各部分进行有序搭配和排列,体现文章中局部与局部、局部与整体的有机联系。请示与所有应用文一样具有结构的程式性特点。这种程式性是指人们在长期的应用文写作实践中逐步形成并为社会所公认和接受的约定俗成的相对固定的模式。这种模式化主要表现在请示的正文部分。它要求按请示理由、请示事项、请示结语这样的逻辑顺序来建构文章。其中,请示的理由是正文的开端部分,应简要说明为什么要写请示、提出请求的背景和依据。请示的事项部分为请示的中间部分,它是请求上级机关指示或批准的具体内容,这部分应写得明白具体、切实可行。请示的最后部分是结语。根据请示内在结构的要求,我们不难发现例文的结构安排是不合理的,应把请示事项"我局打算成立××区环保局团委"置于请示缘由之后。

(2)请示的容量。一文一事是请示写作的一项基本要求。例文却写了请求成立机构和拨款两件事,这与请示一文一事的要求是不相符的,宜删去请求拨款的内容。

3. 语言运用。公文对语言的要求十分严格。请示除了要遵守应用文写作一般用语原则外,还有一些特殊的要求,如请示的开端部分常用"由于(鉴于)、为了、根据"等模式化用语,请示理由之后常用过渡语"现就××问题请示如下"或"特作如下请示""为此,特请求""恳请"等引出请示事项,结语部分常用"以上请示(意见)妥否,请批示(指示)""以上请示(意见)当否,请批示(指示)""特此请示,望批准""以上请示(意见)如无不妥,望批准"等模式化句式。例文的语言运用显然不规范,如"现将我们的想法汇报如下"有口语化嫌疑,可改为模式化过渡语"现将有关情况请示如下";"请市里务必批准""势在必行"等不符合语体要求,应使用请求性语气,可将其改为"很有必要"和"以上请示当否,请批示";"我局计划打算成立××区环保局团委"中的"计划打算"一词不仅犯了语义重复的语病,而且是公文忌讳的口语,可用文言词"拟"取代。

实训课堂

1. 修改病文。

关于修建新办公楼请示的批复

呼市水泥厂：

有关请示已悉。关于修建新办公一事，经研究，还是以不建为宜。此复。

市政府

2001 年 3 月 5 日

【提示】 发文缘由交代不清、态度含糊不清、缺乏对所持意见的说明、落款，日期书写不规范。

2. 根据材料，拟写一则请示。

××市外资局拟于 2010 年 12 月 25 日派组(局长×××等 6 人)到美国纽约市××设备公司检验引进设备。此事需向市政府请示。该局曾与对方签订引进设备的合同，最近对方又来电邀请前去考察。在美考察时间需 20 天，所需外汇由该局自行解决。各项费用预算，可列详表。

【提示】

外资局关于派组赴美检验引进设备的请示

市人民政府：

两个月前，经多方比较和认真研究，并报请市政府批准，我局已与美国纽约市××设备公司签订了设备引进合同。之后，双方为此做了很多工作，合作情况良好。最近，对方来电邀请我局人员赴美考察设备情况。为保证设备引进质量，按期履行合同，根据实际需要及对方提供的时间表，我局拟派×××局长一行六人，于 2010 年 12 月 25 日前往美国纽约检验设备，行程需要 20 天。考察期间所需外汇，由我局自行解决。

特此请示。

附件：

1. 设备引进合同
2. 考察组人员名单
3. 考察费用预算详表

××市外资局(印章)

二〇〇九年十一月三十日

相关链接

批复和复函的区别

1. 行文方向有别

尽管两个文种都属法定行政公文文种，但一个是下行文，一个是平行文。收到下级机关的请示，应该回之以批复；收到不相隶属机关的请批函以及领导机关转来的下级机关请示，只能回之以复函。各级行政机关及其办公部门都必须针对来于不同方向、使用不同文种的请批件，正确选用不同的回复文种，切勿混淆。

2. 行为尾语有别

不同的公文文种具有不同的结尾用语，写给下级机关的批复，尾语可使用严肃的要求式尾语或专用尾语“特此批复”；写给不相隶属机关的复函，就不可使用这样的尾语，只能使用适合行文关系和文种的尾语，如“特此函复”。而“此复”这个尾语，两者都可以使用。

3. 行文语气有别

不同行文方向和行文关系的公文文种，使用的行文语气也是截然不同的。批复是下行文，语气可坚定严肃；复函属平行文，态度要鲜明，但语气应相对委婉，不应给人以“一朝权在手，便把令来行”、忘乎所以、盛气凌人的感觉。

第八章 科技性文书写作

章节序言

科技性文书指的是一种带有科研性或科技性特征的应用文书形式，常用在科学研究工作中，如实习报告、实验报告、实践报告、毕业论文、学术论文等。这类文书的写作除要讲求应用文写作的一般性格式规范外，还要求内容的科学性、准确性，必须是建构在深入、扎实的科学研究基础上的文书写作类型。

第一节 实习报告

知识扫描

一、概念

实习报告，也称实践报告，是指各类实习实践主体在认真参与社会实践、实习、见习等活动后撰写的一种对实习期间的工作、学习、实践经历进行描述、归纳、总结的应用文本，用以指导未来的学习及工作，是应用文写作的重要文体之一。

二、要求

(一)概述和叙述。总结必须有情况的概述和叙述，有的比较简单，有的比较详细。这部分内容主要是对工作的主客观条件、有利和不利条件以及工作的环境和基础等进行分析。

(二)成绩和缺点。这是总结的中心。总结的目的就是要肯定成绩，找出缺点。成绩有哪些，有多大，表现在哪些方面，是怎样取得的；缺点有多少，表现在哪些方面，是什么性质，怎样产生的，都应讲清楚。

(三)经验和教训。做过一件事，总会有经验和教训。为便于今后的工作，须对以往工作的经验和教训进行分析、研究、概括、集中，并上升到理论的高度来认识。

(四)今后的打算。根据今后的工作任务和要求，吸取前一时期工作的经验和教训，明确努力方向，提出改进措施等。

三、格式

(一)纸张。A4 纸，左侧装订成册。

(二)封面。

1. 标题。如：《×××学院 2014—2015 学年第二学期社会实践报告》。

2. 基本信息。包括：学院、专业、班级、姓名、学号等。

(三)目录。

(四)正文。包括实习目的、实习时间、实习地点、实习单位和部门、实习内容、实习总结等。

案例评析

【案例一】

一、实习目的

通过对西柞高速公路、永咸高速公路的实地实习认识，使我们对高速公路的路基处理、沥青路面的施工、道路的设计、公路桥梁的设计与施工以及其他公路相关设施的设计与布置，有了一次全面的感性认识，加深了我们对所学课程知识的理解，使学习和实践相结合。

二、实习时间

2006 年 5 月 27 日至 6 月 10 日。

三、实习地点

西柞高速公路、永咸高速公路的部分施工工地。

西安至柞水高速公路起于西安绕城高速公路南段曲江互通式立交，止于柞水县九里湾，路线全长 64 714 km。

永寿至咸阳公路是国家规划的西部大通道银川至武汉高速公路在陕西省境内的重要路段，也是陕西省公路主骨架的重要组成部分，是全国 12 条公路勘察设计典型示范工程之一。本项目是在建的凤翔路口至永寿高速公路向东延伸段，已建成的西安至咸阳高速公路向西延伸段，途经西安咸阳国际机场。

四、实习内容

(一)路基部分

路基的实习主要在永咸高速公路的部分施工工地，包括地基处理、路堤、桥涵等内容。

1. 路基处理

该路段位于湿陷性黄土地区，处理办法就是换填土法。将上面 80 cm 路床范围内的多余的土全部挖掉，然后分层回填上 50 cm 的素土，上面是沙粒。但是这种情况的缺点就是沙粒遇到水之后，水还会下渗到路基的黄土上，破坏了其稳定性。于是对原设计进行了变更，就是将原来 80 cm 的土挖掉，先进行全段碾压，碾压后回填 40 cm 素土，再在上面填 40 cm 5%的石灰土，然后在两侧设计盲沟。

对于湿陷性黄土有两种处理方法：一是冲击碾压，二是强夯法。对比二者机能后，该路段全部强夯处理。处理方法的工序是：首先进行清表；然后按照设计要求打网格，进行土方调配设计；最后确定机械的夯实机能(120 t・m，60 t・m)。

另外，由于湿陷性黄土对结构物会有很大的影响，对结构物的处理方法就是先把基坑开挖，然后用大吨级机械进行强夯，保证结构物安全。

对于路堤的处理，采用碾压夯实法。其机理是：土是三相体，土粒为骨架，颗粒之间的孔隙为水分和气体所占据。压实的目的在于使土粒重新组合，彼此挤紧，孔隙缩小，土的单位重量提高，形成密实整体，最终导致强度增加，稳定性提高。

处理方法是先原地面进行碾压，用环刀法测定密实度；再进行分层填土碾压，用灌沙法测密实度。在机具类型、土层厚度及行程遍数已经选定的条件下，压实操作时宜先轻后重、先慢后快、先边缘后中间(超高路段等需要时，则宜先低后高)。压实时，相邻两次的轮迹应重叠轮宽的三分之一，保持压实均匀，不漏压，对于压不到的边角，应辅以人力或小型机具夯实。压实全过程中，经常检查含水量和密实度，以达到符合规定压实度的要求。

土方施工的工序是：粗平→放样→打灰线→精平→测压实度。

碾压机械采用羊足碾压实。

2. 桥涵

高速公路由于等级高，全线封闭、立交，加上跨河谷等，所以桥梁甚多。我们实习的主要包括咸阳机场高架桥和双星沟大桥两段。

这段××机场高架桥全长 980 m 全部采用预应力组合箱梁和现浇梁，单梁跨度为 25 m，采用张拉工艺，在梁内布置预应力钢角线，减小形变增加承载力。

××大桥是一个 2×85 mT 型钢构桥，其上部工艺采用挂篮悬臂浇筑法。现在两桥墩做到 38 m 左右，设计高度为 515 m，下面桩基深达 75 m。墩身采用的是箱型薄壁墩，上部 3 m 为合拢段，将两墩硬性的连接在一起，增加整体效果。属于大体积混凝土浇筑，浇筑中有散热设计。

(二)路面部分

路面的实习主要集中在西柞高速公路的工地(沥青路面)。这条高速路采用了厂拌法热拌沥青混合料路面的施工工艺。其路面由面层、基层、底基层组成。面层分：上面层 5 cm、中面层 7 cm、下面层 10 cm。其材料有改性沥青、粗细集料等。基层为二灰稳定碎石；底基层为二灰稳定土。

热拌沥青混合料适用于各种等级道路的沥青面层。高速公路、一级公路和城市快速路、主干路的沥青面层的上面层、中面层及下面层应采用沥青混凝土混合料铺筑。热拌沥青混合料材料种类应根据具体条件和技术规范合理选用。应满足耐久性、抗车辙、抗裂、抗水损害能力、抗滑性能等多方面要求，同时还需考虑施工机械、工程造价等实际情况。

厂拌法沥青路面包括沥青混凝土、沥青碎(砾)石等，施工过程可分为沥青混合料的拌制与运输及现场铺筑两个阶段。

1. 沥青混合料的拌制与运输

在工厂拌制混合料所用的固定式拌合设备有间歇式和连续式两种。前者是在每盘拌和时计量混合料各种材料的重量，而后者则在计量各种材料之后连续不断地送进拌合器中拌和。该拌合站采用的是 3 000 间歇式拌合机。

在拌制沥青混合料之前，应根据确定的配合比进行试拌。试拌时对所用的各种矿料及沥青应严格计量。通过试拌和抽样检验确定每盘热拌的配合比及其总重量(间歇式拌合机)，或各种矿料进料口开启的大小及沥青和矿料进料的速度(连续式拌合机)、适宜的沥青用量、拌和时间、矿料和沥青加热温度，以及沥青混合料出厂的温度。对试拌的沥青混合料进行试验之后，即可选定施工的配合比。

材料的运输是靠卡车直接运到施工路段进行摊铺。

2. 现场铺筑

(1)基层准备和放样。面层铺筑前，应对基层和路基进行检查处理，确保道路的基层和面层有很好的粘结，减少水分浸入基层。

为了控制混合料的摊铺厚度，在准备好基层之后进行测量放样，沿路面中心线和四分之一路面宽处设置样桩，标出混合料的松铺厚度。采用自动调平摊铺机摊铺时，还应放出引导摊铺机运行走向和标高的控制基准线。高速公路和一级公路在施工前应铺筑试验段。试验段的长度应根据试验目的确定，宜为 100～200 m。试验段宜在直线段上铺筑，如在其他道路上铺筑时，路面结构等条件应相同，路面各结构层的试验可安排在不同的试验段上。

(2)摊铺。沥青混合料可采用人工或机械摊铺，高等级公路沥青路面应采用机械摊铺。

沥青混合料摊铺机有履带式和轮胎式两种。二者的构造和技术性能大致相同。沥青摊铺机的主要组成部分为料斗、链式传送器、螺旋摊铺器、振捣板、摊平板、行使部分和发动机等。

(3)碾压。沥青混合料摊铺平整之后，应趁热及时进行碾压。碾压的温度应符合规定的要求。压实后的沥青混合料应符合压实度及平整度的要求，沥青混合料的分层压实厚度不得大于 10 cm。

沥青混合料碾压过程分为初压、复压和终压三个阶段。初压用 60～80 kN 双轮压路机以 15～20 km/h 的速度先碾压 2 遍，使混合料得以初步稳定。随即用 100～120 kN 三轮压路机或轮胎式压路机复压 4～6 遍。碾压速度：三轮压路机为 3 km/h；轮胎式压路机为 5 km/h。复压阶段碾压至稳定无显著轮迹为止。复压是碾压过程最重要的阶段，混合料能否达到规定的密实度，关键全在于这阶段的碾压。终压是在复压之后用 60～80 kN 双轮压路机以 3 km/h 的碾压速度碾压 2～4 遍，以消除碾压过程中产生的轮迹，并确保路面表面的平整。

碾压时压路机开行的方向应平行于路中心线，并由一侧路边缘压向路中。用三轮压路机碾压时，每次应重叠后轮宽的1/2；双轮压路机则每次重叠30 cm；轮胎式压路机亦应重叠碾压。由于轮胎式压路机能调整轮胎的内压，可以得到所需的接触地面压力使集料相互嵌挤咬合，易于获得均一的密实度，而且密实度可以提高2%～3%。所以轮胎式压路机最适宜用于复压阶段的碾压。

3. 接缝施工

沥青路面的各种施工缝(包括纵缝、横缝、新旧路面的接缝等)处，往往由于压实不足，容易产生台阶、裂缝、松散等病害，影响路面的平整度和耐久性，施工时必须十分注意。本路段采用的半幅机械施工，中间设有分隔带。在施工中有两台机械同步摊铺，则机械间的纵缝应注意处理。

4. 排水设施

整个路面为一个拱形，所以一般路面采用坡面向两侧漫流，流入公路两边的边沟中排走；在道路曲线的地段，公路外侧设有超高，采用单面排水，在中央分隔带设有雨水管道，收集曲线外侧路面的雨水，再由路基下敷设的横向排水管流入边沟。

五、实习总结

通过这次外业的道路实习，使我们对高速公路的路基、路面的设计与施工有了一次比较全面的感性认识，进一步理解接受课堂上的知识，使理论在实际的生产中得到了运用。近年来，中国的公路事业特别是高速公路得到了迅猛的发展，并且其需求也越来越大，这对于从事道路的工作者来说，既是一个机遇，也是一个挑战。作为将要走出学校的学生来说，更应该在有限的时间内，掌握更多的专业知识，加强实践和设计能力，这样更有利于将来的发展，使自己在此领域内也有所作为。

【评析】 这是一则道路桥梁专业的实习报告，实习报告格式准确，要素齐备，思路清晰，结构严谨。只是实习总结部分需要再充实，侧重实习过程中的经验总结，找出实习过程中存在的问题和困难，并能够对照理论学习找出实践差距，更好地发挥社会实习对理论学习的指导意义。

实训课堂

请结合自己的暑期社会实践，写一篇本专业领域范围内的社会实践报告。

第二节 毕业论文

知识扫描

一、概念

毕业论文，泛指专科毕业论文、本科毕业论文(学士学位毕业论文)、硕士研究生毕业论文(硕士学位论文)、博士研究生毕业论文(博士学位论文)、博士后毕业论文等，即需要在学业完成前写作并提交的论文，是教学或科研活动的重要组成部分。其主要目的是培养学生综合运用所学知识和技能，理论联系实际，独立分析、解决实际问题的能力，使学生得到从事本专业工作的基本训练。毕业论文应反映出作者能够准确地掌握所学的专业基础知识，学会综合运用所学知识进行科学研究的方法，对所研究的题目有一定的心得体会，论文题目的范围不宜过宽，一般选择本学科某一重要问题的一个侧面。

毕业论文是毕业生总结性的独立作业，是学生运用在校学习的基本知识和基础理论，去分析、解决一两个实际问题的实践锻炼过程，也是学生在校学习期间学习成果的综合性总结，是整个教学活动中不可缺少的重要环节。撰写毕业论文对于培养学生初步的科学研究能力，提高其综合运用所学知识分析问题、解决问题能力有着重要意义。

二、格式

(一)论文标题。应简洁、明确、有概括性，字数不宜超过 20 个字(不同院校可能要求不同)。

(二)内容摘要。要有高度的概括力，语言精练、明确，中文摘要 100～200 字(不同院校可能要求不同)。

(三)关键词。从论文标题或正文中挑选 3～5 个(不同院校可能要求不同)最能表达主要内容的词作为关键词。

(四)目录。写出目录，标明页码。

(五)正文。专科毕业论文正文字数一般应在 3 000 字以上(不同院校可能要求不同)。毕业论文正文包括前言、本论、结论三个部分。

1. 前言是论文的开头部分，主要说明论文写作的目的、现实意义、对所研究问题的认识，并提出论文的中心论点等。前言要简明扼要，篇幅不要太长。

2. 本论是毕业论文的主体，包括研究内容与方法、实验材料、实验结果与分析(讨论)等。在本部分要运用各方面的研究方法和实验结果，分析问题，论证观点，尽量反映出自己的科研能力和学术水平。

3. 结论是毕业论文的收尾部分，是围绕本论所做的结束语。其基本的要点就是总结全文，加深题意。

(六)致谢。简述自己写毕业论文的体会，并应对指导教师和协助完成论文的有关人员表示谢意。

(七)参考文献。在毕业论文末尾要列出在论文中参考过的专著、论文及其他资料，所列参考文献应按文中参考或引证的先后顺序排列。

(八)注释。在论文写作过程中，有些问题需要在正文之外加以阐述和说明。

(九)附录。对于一些不宜放在正文中，但有参考价值的内容，可编入附录中。

三、写法

(一)标题。标题是文章的眉目。各类文章的标题，样式繁多，但无论是何种形式，总要以不同的侧面体现作者的写作意图、文章的主旨。毕业论文的标题一般分为总标题、副标题、分标题几种。

1. 总标题。总标题是文章总体内容的体现。常见的写法有：

(1)揭示课题的实质。这种形式的标题，高度概括全文内容，往往是文章的中心论点。它具有高度的明确性，便于读者把握全文内容的核心。诸如此类的标题很多，也很普遍。如《关于经济体制的模式问题》《经济中心论》《县级行政机构改革之我见》等。

(2)提问式。这类标题用设问句的方式，隐去要回答的内容，实际上作者的观点是十分明确的，只不过语意婉转，需要读者加以思考罢了。这种形式的标题因其观点含蓄，容易引起读者的注意，如《家庭联产承包制就是单干吗?》《商品经济等同于资本主义经济吗?》等。

(3)交代内容范围。这种形式的标题，从其本身的角度看，看不出作者所指的观点，只是对文章内容的范围做出限定。拟定这种标题，一方面是文章的主要论点难以用一句简短的话加以归纳；另一方面交代文章内容的范围，可引起读者的注意和共鸣。这种形式的标题也比较普遍。如《试论我国农村的双层经营体制》《正确处理中心和地方、条条与块块的关系》《战后西方贸易自由化剖析》等。

(4)用判定句式。这种形式的标题给予全文内容的限定，可伸可缩，具有很大的灵活性。文章研究对象是具体的，面较小，但引申的思想又须有很强的概括性，面较宽。这种从小处着眼、大处着手的标题，有利于科学思维和科学研究的拓展。如《从乡镇企业的兴起看中国农村的希望之光》《科技进步与农业经济》《从“劳动创造了美”看美的本质》等。

(5)用形象化的语句。如《激励人心的治理体制》《科技史上的曙光》《普照之光的理论》等。

标题的样式还有很多种，作者可以在实践中大胆创新。

2. 副标题和分标题。为了点明论文的研究对象、研究内容、研究目的，对总标题加以补充、解说，有的论文还可以加副标题。凡是一些商榷性的论文，一般都有一个副标题，如在总标题下方，添上“与××商榷”之类的副标题。

另外，为了强调论文所研究的某个侧重面，也可以加副标题。如《如何看待现阶段劳动报酬的差别——也谈按劳分配中的资产阶级权利》《开发蛋白质资源，提高蛋白质利用效率——探讨解决吃饭问题的一种发展战略》等。

设置分标题的主要目的是为了清楚地显示文章的层次。有的用文字，一般都把本层次的中心内容昭然其上；也有的用数码，仅标明“一、二、三”等顺序，起承上启下的作用。需要注意的是，无论采用哪种形式，都要紧扣所属层次的内容，上文与下文的联系要紧密。

（二）目录。一般来说，篇幅较长的毕业论文，都设有分标题。设置分标题的论文，因其内容的层次较多，整个理论体系较庞杂，故通常设目录。设置目录的目的主要是：

1. 使读者能够在阅读该论文之前对全文的内容、结构有一个大致的了解，以便读者决定是读还是不读，是精读还是略读等。

2. 为读者选读论文中的某个分论点提供方便。长篇论文，除中心论点外，还有许多分论点。当读者需要进一步了解某个分论点时，就可以依靠目录节省时间。

目录一般放置在论文正文的前面，因而是论文的导读图。要使目录真正起到导读图的作用，必须注意下列事项：

1. 准确。目录必须与全文的纲目相一致。也就是说，本文的标题、分标题与目录存在一一对应的关系。

2. 明晰。目录应逐一标注该行目录在正文中的页码。标注页码必须清楚无误。

3. 完整。目录既然是论文的导读图，因而必然要求具有完整性。也就是要求文章的各项内容，都应在目录中反映出来，不得遗漏。

（三）内容摘要。内容摘要是全文内容的缩影。在这里，作者以极经济的笔墨，勾画出全文的整体面目，提出主要论点，揭示论文的研究成果，简要叙述全文的框架结构。内容摘要是正文的附属部分，一般放置在论文的篇首。设置内容摘要的目的是：

1. 使指导老师在未审阅论文全文时，先对文章的主要内容有个大体上的了解，知道研究所取得的主要成果、研究的主要逻辑顺序。

2. 使其他读者通过阅读内容摘要，就能大略了解作者所研究的问题，假如产生共鸣，则再进一步阅读全文。在这里，内容摘要成为把论文推荐给众多读者的"广告"。

因此，内容摘要应把论文的主要观点提示出来，使读者一看就能了解论文内容的要点。论文摘要要求写得简明而又全面，不要啰哩啰嗦抓不住要点或者只是干巴巴的几条筋，缺乏说明观点的材料。内容摘要可分为报道性摘要和指示性摘要。

1. 报道性摘要，主要介绍研究的主要方法与成果以及成果分析等，对文章内容的提示较全面。

2. 指示性摘要，只简要地叙述研究的成果（数据、看法、意见、结论等），对研究手段、方法、过程等均不涉及。毕业论文一般使用指示性摘要。

（四）关键词。关键词是表示文献主题内容，但未经规范处理的主题词。它是为文献标引，从论文中选取出来，用以表示全文主要内容信息的单词或术语。一篇论文可选取 3～8 个词作为关键词。

（五）正文。一般来说，学术论文的内容应包括以下三个方面。

1. 事实根据（通过本人实际考察所得到的语言、文化、文学、教育、社会、思想等事例或现象）。提出的事实根据要客观、真实，必要时要注明出处。

2. 前人的相关论述（包括前人的考察方法、考察过程、所得结论等）。理论分析中，应将他人的意见、观点与本人的意见、观点明确区分。无论是直接引用还是间接引用他人的成果，都应该注明出处。

3. 本人的分析、论述和结论等。做到使事实根据、前人的成果和本人的分析论述有机地结合，并注意其间的逻辑关系。

(六)结论。结论应是毕业论文最终的、总体的结论，换句话说，结论应是整篇论文的结局、归宿，而不是某一局部问题或某一分支问题的结论，也不是正文中各段的小结的简单重复。论文结论应当体现作者更深层的认识，且应是从全篇论文的全部材料出发，经过推理、判断、归纳等逻辑分析过程得到的新的学术总观念、总见解。结论可采用“结论”等字样，要求精练、准确地阐述自己的创造性工作或新的见解及其意义和作用，还可提出需要进一步讨论的问题和建议。结论应该准确、完整、明确、精练。

该部分的写作内容一般应包括以下几个方面：

1. 本研究说明了什么问题。

2. 对前人有关的看法做了哪些修正、补充、发展、证实或否定。

3. 本研究的不足之处或未予解决的问题，以及对解决这些问题的可能的关键点和方向。

(七)注释、参考文献。如有注释应单独列出，方式有页下注或尾注。注释与参考文献的区别在于注释要明确注明引文出自哪个版本哪本著作的哪一章节哪一页码，要求准确翔实，而参考文献只需列出相关著述即可。

在学术论文后一般应列出参考文献，其目的有三，即：

1. 反映出真实的科学依据。

2. 体现严肃的科学态度，分清是自己的观点或成果还是别人的观点或成果。

3. 对前人的科学成果表示尊重，同时指明引用资料出处，便于检索。

毕业论文的撰写应本着严谨、求实的科学态度，凡有引用他人成果之处，均应按在论文中出现的先后次序列于参考文献中，并且只列出正文中以标注形式引用或参考的有关著作和论文，应按正文中出现的顺序列出直接引用的主要参考文献。

(八)致谢。按照《学位论文编写规则》(GB/T 7713.1—2006)的规定，致谢可以放在正文后，致谢对象包括：国家科学基金，资助研究工作的奖学金基金，合同单位，资助和支持的企业、组织或个人；协助完成研究工作和提供便利条件的组织或个人；在研究工作中提出建议和帮助的人；给予转载和引用权的资料、图片、文献、研究思想和设想的所有者；其他应感谢的组织和人。在毕业论文中的致谢里主要感谢导师和对论文有直接贡献及帮助的人士和单位。

(九)附录。对于一些不宜放入正文中、又不可缺少的部分，或有重要参考价值的内容，可编入毕业论文附录中。例如问卷调查原件、数据、图表及其说明等。

四、基本型

人们在长期的写作实践过程中，对某些文体文章的写作逐步形成了一些特定规范，即结构的基本型。毕业论文的结构形式是多种多样的。但是，它也有其基本型，即序论、本论、结论的三段式。

(一)序论(引论、绪论)。毕业论文的序论，在写作上应包括下列内容：

1. 说明研究这一课题的理由、意义。这一部分要写得简洁。一定要避免像作文那样，用很长的篇幅写自己的心情与感受，不厌其烦地讲选定这个课题的思考过程。

2. 提出问题。这是序论的核心部分。问题的提出要明确、具体。有时，要写一点历史的回顾，关于这个课题，谁做了哪些研究，作者本人将有哪些补充、纠正或发展。

3. 说明作者论证这一问题将要使用的方法。

(二)本论。这是展开论题，表达作者个人研究成果的部分。它是毕业论文的主体部分，必须下功夫写充分，写好。

有些毕业论文，序论部分中提出的问题很新颖、有见地，但是本论部分写得很单薄，论证不够充分，勉强引出的结论也难以站住脚。这样的毕业论文是缺乏科学价值的，所以一定要全力把本论部分写好。

(三)结论(余论)。结论是论文的收束部分。毕业论文的结论应包括论证得到的结果。这一部分要对本论分析、论证的问题加以综合概括，引出基本论点，这是课题解决的答案。这部分要写得简要具体，使读者能明确了解作者独到的见解。

最值得注意的是，结论必须是序论中提出的，本论中论证的，自然得出的结果。毕业论文最忌论证得并不充分，而妄下结论。要首尾贯一，成为一个严谨的、完善的逻辑构成。

五、要求

毕业论文是毕业生的总结性独立作业，目的在于总结专业学习的成果，培养综合运用所学知识解决实际问题的能力。从文体而言，它也是对某一专业领域的现实问题或理论问题进行科学研究探索的具有一定意义的论说文。完成毕业论文的撰写可以分两个步骤，即选择课题和研究课题。

(一)选择课题。选题是论文撰写成败的关键。因为，选题是毕业论文撰写的第一步，它实际上就是确定“写什么”的问题，即确定科学研究的方向。如果“写什么”不明确，“怎么写”就无从谈起。

可结合个人学习情况提出论文题目，报学校审查同意后确立。也可由学校公布论文题目，由毕业生选择。但不管毕业生是自己任意选择课题，还是在院校公布的指定课题中选择课题，都要坚持选择有科学价值和现实意义的、切实可行的课题。选好课题是毕业论文成功的一半。

第一，要坚持选择有科学价值和现实意义的课题

科学研究的目的是更好地认识世界、改造世界，以推动社会的不断进步和发展。因此，毕业论文的选题，必须紧密结合社会主义物质文明和精神文明建设的需要，以促进科学事业发展和解决现实存在问题作为出发点和落脚点。选题要符合科学研究的正确方向，要具有新颖性，有创新、有理论价值和现实的指导意义或推动作用，一项毫无意义的研究，即使花很大的精力，表达再完善，也没有丝毫价值。

具体地说，毕业生可从以下三个方面来选题。首先，要从现实的弊端中选题，学习了专业知识，不能仅停留在书本上和理论上，还要下一番功夫，理论联系实际，用已掌握的专业知识，去寻找和解决工作实践中急待解决的问题。其次，要从寻找科学研究的空白处和边缘领域中选题，科学研究还有许多没有被开垦的处女地，还有许多缺陷和空白，这些都需要填补。应考者应有独特的眼光和超前的意识去思索，去发现，去研究。最后，要从前人研究的不足处和错误处选题，在前人已提出来的研究课题中，许多虽已有初步的研究成果，但随着社会的不断发展，还有待于丰富、完整和发展，这种补充性或纠正性的研究课题，也是有科学价值和现实指导意义的。

第二，要根据自己的能力选择切实可行的课题

毕业论文的写作是一种创造性劳动，不但要有毕业生个人的见解和主张，同时还需要具备一定的客观条件。由于毕业生个人的主观、客观条件都是各不相同的，因此在选题时，还应结合自己的特长、兴趣及所具备的客观条件来选题。具体地说，毕业生可从以下三个方面来综合考虑。首先，要有充足的资料来源。“巧妇难为无米之炊”，在缺少资料的情况下，是很难写出高质量的论文的。选择一个具有丰富资料来源的课题，对课题深入研究与开展很有帮助。其次，要有浓厚的研究兴趣，选择自己感兴趣的课题，可以激发自己研究的热情，调动自己的主动性和积极性，能够以专心、细心、耐心的积极心态去完成。最后，要能发挥自己的专长，每个毕业生无论能力水平高低，都有自己的专长，选择那些能结合自己工作、发挥自己专长的课题，对顺利完成课题的研究大有益处。

(二)研究课题。选好课题后，接下来的工作就是研究课题。研究课题一般程序是：收集资料、研究资料，明确论点和选定材料，最后是执笔撰写、修改定稿。

1. 研究课题的基础工作——收集资料。

毕业生可以查阅图书馆、资料室的资料，从实地调查研究、实验与观察三个方面收集资料。收集资料越具体、细致越好，最好把想要收集资料的文献目录、详细计划都列出来。首先，查阅资料时要熟悉、掌握图书分类法，要善于利用书目、索引，要熟练地使用其他工具书，如年鉴、文摘、表册等。其次，做实地调查研究，调查研究能获得最真实可靠、最丰富的第一手资料，调查研究时要做到目的明确、对象明确、内容明确。调查的方法有：普遍调查、重点调查、典型调查、抽样调查。调查的方式有：开会、访问、问卷。最后，进行实验与观察。实验与观察是收集科学资料数据、获得感性知识的基本途径，是形成、产生、发展和检验科学理论的实践基础，本方法在理工科、医类等专业研究中较为常用，运用本方法时要认真全面记录。

2. 研究课题的重点工作——研究资料。

要对所收集到的资料进行全面浏览，并对不同资料采用不同的阅读方法，如通读、选读、研读。

通读即对全文进行阅读，选读即对有用部分、有用内容进行阅读，研读即对与研究课题有关的内容进行全面、认真、细致、深入、反复的阅读。在研读过程中要积极思考，要

以书或论文中的论点、论据、论证方法与研究方法来触发自己的思考，要眼、手、脑并用，发挥想象力，进行新的创造。

在研究资料时，还要做好资料的记录。

3. 研究课题的核心工作——明确论点和选定材料。

在研究资料的基础上，根据毕业生提出的观点和见解，根据选题，确立基本论点和分论点。提出的观点要突出新，创新是灵魂，不能只是重复前人或人云亦云。同时，还要防止贪大求全的倾向，生怕不完整，大段地复述已有的知识，那就体现不出研究的特色和成果了。

根据已确立的基本论点和分论点选定材料，这些材料是在对所收集的资料加以研究的基础上形成的。组织材料要掌握科学的思维方法，注意前后材料的逻辑关系和主次关系。

4. 研究课题的关键工作——执笔撰写。

下笔时要对拟定提纲和基本格式两个方面加以注意。

(1)拟定提纲。题目、基本论点、内容纲要。内容纲要包括大项目、中项目和小项目。大项目即大段段旨、中项目即段旨、小项目即段中材料或小段段旨。拟定提纲有助于安排好全文的逻辑结构，构建论文的基本框架。

(2)基本格式。一般毕业论文由标题、摘要、正文、参考文献等四方面内容构成。标题要求直接、具体、醒目、简明扼要。摘要即摘出论文中的要点放在论文的正文之前，以方便读者阅读，所以要简洁、概括。正文是毕业论文的核心内容，包括序论、本论、结论三大部分。序论部分主要说明研究这一课题的理由、意义，要写得简洁。要明确、具体地提出所论述课题，有时要写些历史回顾和现状分析，本人将有哪些补充、纠正或发展，还要简单介绍论证方法。本论部分是论文的主体，即表达作者的研究成果，主要阐述自己的观点及其论据。这部分要以充分有力的材料阐述观点，要准确把握文章内容的层次、大小段落间的内在联系。篇幅较长的论文常用推论式(即由此论点到彼论点逐层展开、步步深入的写法)和分论式(即把从属于基本论点的几个分论点并列起来，分别加以论述)两者结合的方法。结论部分是论文的归结收束部分，要写论证的结果，做到首尾一贯，同时要写对课题研究的展望，提及进一步探讨的问题或可能解决的途径等。参考文献即撰写论文过程中研读的一些文章或资料，要选择主要的列在文后。

5. 研究课题的保障工作——修改定稿。

通过这一环节，可以看出写作意图是否表达清楚，基本论点和分论点是否准确、明确，材料用得是否恰当、有说服力，材料的安排与论证是否有逻辑效果，大小段落的结构是否完整、衔接自然，句子词语是否正确妥当，文章是否合乎规范。

总之，撰写毕业论文是一种复杂的思维活动，对于缺乏写作经验的学生来说，确有一定的难度。因此，毕业生要“学习学习再学习，实践实践再实践”，虚心向指导教师求教。

学校代码：10135	
论文分类号：	
学　　号：	
研究生类别：全日制	

内蒙古師範大學

硕士学位论文

"智欲圆而行欲方"

——王先霈圆形批评论研究

"Thinking would be Circular and Acting would be Square"

——A Study on theCircular Criticism about Wang Xianpei

学科门类：文　学

一级学科：中国语言文学

学科、专业：文艺学

研究方向：文艺美学

申请人姓名：

指导教师姓名：

年　月　日

独创性声明

本人声明所呈交的学位论文是本人在导师指导下进行的研究工作及取得的研究成果，尽我所知，除文中特别加以标注和致谢的地方外，论文中不包含其他人已经发表或撰写过的研究成果，也不包含本人为获得内蒙古师范大学或其他教育机构的学位或证书而使用过的材料。与我一同工作的同志对本研究所做的任何贡献均已在论文中作了明确的说明并表示感谢。

签名：

日期：　年　月　日

关于论文使用授权的说明

本学位论文作者完全了解内蒙古师范大学有关保留、使用学位论文的规定。内蒙古师范大学有权保留并向国家有关部门或机构送交论文的复印件和磁盘，允许论文被查阅和借阅，可以将学位论文的全部或部分内容编入有关数据库进行检索，可以采用影印、缩印或扫描等复制手段保存、汇编学位论文，并且本人电子文档的内容和纸质论文的内容相一致。

保密的学位论文在解密后也遵守此规定。

签名： 导师签名：

日期： 年 月 日

中文摘要

新时期以来，我国的文学批评研究大体有这样两种倾向：一种是追新逐异，另一种是固守传统。人们或把外国文论看作现代文论的范式、我国文论的出路所在，大有耳目一新、茅塞顿开之感；或抱着拒斥的态度，把外国文论视为资产阶级文艺思潮的泛滥，内心惶惶，实有朝不保夕之感，一时间无所适从。华中师范大学文学院王先霈教授，在广泛吸纳中国传统文化与西方思辨哲学智慧学养基础上，提出了一种适合文学审美特性的，集合西方逻辑思辨与东方审美灵性的、圆形思维指导下的圆形批评观念。

其理论贡献主要表现为：第一，王先霈对独立性文学批评学科的倡导，从观念层面、话语层面到活动层面，为我国新时期文学批评学的建设树立了科学的学科观念；第二，王先霈对开放性文学批评方法的倡导，以及他所确立的新型圆形思维模式返本开新，成功实现了“古代文学批评的灵动和现代文学批评的精确两者在更高层次上的综合”，从而为全球化语境下我国当代文学批评能够更好地参与平等的对话与交流找到了一条更具民族化的思维新径，同时也为建构一种更为先进、更具民族化特征的文学批评观念奠定了思维基础；第三，王先霈对统率性文学批评观念的倡导，从文学批评的可操作性技术层面到超越技术层面，为新时期的文学批评学建设提供了“一种新的批评体系，一种能涵纳各种批评方法的圆形批评模式”，提供了一种更为综合、辩证、更富统帅性意义的批评观念，它“预示了21世纪中国文学批评‘多元共存，协调发展’的新格局”。

在以圆形批评为核心的文学批评学研究道路上，王先霈“筚路蓝缕”“返本开新”“纵横捭阖”，像一位不知疲倦的行者虔诚地践行着自己“智欲圆而行欲方”的学术人生，其圆形批评论也以鲜明的问题意识、民族意识和开放意识，成为我国新时期文学批评学研究中的一个不容忽视的重要范畴。

目前学界对圆形批评论的实践性问题尚有一定争议。

关键词：王先霈；文学批评学；圆形批评；圆形思维。

ABSTRACT

From the new periods, our study of Literary Criticism generally has two means: One is the recovery by new differences, and the other is sticking to the tradition. Some people regard the foreign modern literary theories as the paradigm of our Literary theory, and the future of our Literary theory with the feeling of refresh, Some people take the attitude of rejection on the foreign modern literary theories, and think It's as the spread of bourgeoisie culture with the feeling of precariousness. For a time all the people at a loss. Hereinto, The professor Wang Xianpei of the Department of Chinese in The Central China Normal University, Proposed a new literary concept—"Circular Criticism", which had became a important cateqory in the study of new times Literary Criticism, on the basis of wisdom on Chinese traditional culture and Western speculative philosophy custody.

The first contribution of Wang Xianpei is he advocated the independence of the Literary Criticism, from the concept level, the level of discourse to the level of activities, building a solid foundation for Literary Criticism of China in the new times. Second, Wang Xianpei advocated the open method of Literary Criticism, and established a new mode of Literary Thinking, successfully turned out the"The Smart of ancient literary criticism and the precision of modern literary criticism at the higher level,"so as to he found a new thinking way for Chinese Literary Criticism to better participate in the dialogue and exchange with world, but also lay a foundation for building a more advanced and more national characteristics of the literary criticism; Third, Wang Xianpei advocated the command concept of the Literary Criticism, from the operable technical level of the literary criticism to beyond the technical level of It, providing "a new system of the Literary Criticism, a new mode which can satisfy all the criticism means"and foretelling a"pluralistic coexistence, and the coordinated development"pattern of Literary Criticism of China in the 21st Century.

At the way of studying Literary Criticism which in a round of Circular Criticism, Wang Xianpei "calloused head to toe","back to the opening of new," "Congguangbahe," he likes a tireless devotion to practice his own" Thinking would be Circular and Acting would be Square"academic life. The Study of Circular Criticism has became to a very important concept in the new times Literary Criticism of China, for Its questional consciousness, national consciousness and opening consciousness.

But on the issue of practicality of Circular Criticism, academics are still highly controversial.

KEY WORDS: Wang Xianpei, Literary Criticism, Circular Criticism, Circular Thinking.

目　录

正文(略)

注　释

[1][11][25][34][59][82][91][101][119][89][85]王先霈．圆形批评论[M]．武汉：华中师范大学出版社，1994 年，第 20、12、7、20、109、31、101、110、354、38、41 页．

[2]易明．首届文学批评学研讨会在武汉举行[N]．人民日报，1988 年，4(12)：8.

[3][6][7][8][9][12][46][48][50][51][53][54][55][56][60][63][67][72][76][79][99][108]王先霈．圆形批评与圆形思维[M]．西安：陕西师范大学出版社，2000 年，第 14、3、3、4、10、15、23、21、24、3、12、13、13、29、21、29、11、14、5、10、29、15 页．

[4][32]王先霈．文学理论批评建设丛书总序[M]．武汉：华中师范大学出版社，1997 年，第 2、1 页．

[5][17][18][22]王先霈，胡亚敏．文学批评原理[M]．武汉：华中师范大学出版社，

2002 年，第 1、1、6、2 页.

[10]雷纳·韦勒克．哲学与第二次世界大战以后的美国文学批评[J]．见批评的诸种概念[M]．成都：四川文艺出版社，1987 年，第 307 页.

……

参考文献

[1] 王先霈，范明华．文学评论教程[M]．武昌，华中工学院出版社，1986.

[2] 王先霈．文学心理学概论[M]．武汉，华中师范大学出版社，1988.

[3] 王先霈，周伟民．明清小说理论批评史[M]．广州，花城出版社，1988.

[4] 王先霈．圆形批评论[M]．武汉，华中师范大学出版社，1994.

[5] 王先霈主编．文学文本解读[M]．武汉，华中师范大学出版社，1999.

[6] 王先霈主编．文学理论[M]．武汉，华中师范大学出版社，1999.

[7] 王先霈主编．文学批评原理[M]．武汉，华中师范大学出版社，1999.

[8] 王先霈．圆形批评与圆形思维[M]．西安，陕西师范大学出版社，2000.

[9] 王先霈．国学举要·文卷[M]．武汉，湖北教育出版社，2002.

[10] 王先霈主编．文学欣赏导引[M]．北京，高等教育出版社，2005.

……

致　谢

“胆欲大而心欲小，智欲圆而行欲方。”语出刘安，后被济世神医孙思邈引为行医处事的准则。其实行医如此，为学又何尝不是呢？大胆假设、小心求证；智虑力求圆通无碍、举一反三、融会贯通，绝不能浅尝辄止，不求甚解。行为力求方正严格、脚踏实地、稳健精进，绝不能心浮气躁，华而不实。这可能是自己十年寒窗最大的一点心得和体会了。当我在键盘上标点出最后一个句号，我知道，随着毕业论文写作结束的还有自己十几年的学习生涯，感慨，却无言于一时之间。但有一点，心是踏实的，人生当中最美丽的这段时光我认认真真地走过了！

感谢导师刘文斌先生！认识先生是在三年前那个桃花盛开的时节，而后有先生相伴走过的每一天里都充满了那个时节里的明媚与芬芳。先生的学识，令我仰慕；先生的为人，令我钦佩；先生的关爱，令我感动。“一日为师，终身为父”三载追随，百般呵护，学生永铭于心！

感谢温文儒雅的王志彬先生、睿智涵养的姜泽阳先生、聪慧贤淑的郭培筠先生、博学多才的万奇先生和张树天先生，是你们渊博的学识、精彩的课堂填充了学生这段最充实的求知岁月，“桃李不言，下自成蹊”学生无以为报，谨祝幸福安康！

感谢我的父母和家人！感谢爸爸妈妈多年来的辛劳，如果说女儿十几年的学习生涯尚有所获，那么其中的点点滴滴都是您二老心血的凝结、女儿衷心的回报。没有你们，就没有女儿的今天！忘不了爸爸额间的皱纹、满头的白发，忘不了妈妈疲惫的身影、含泪的微笑，女儿都悄悄地记下了，真心的祝愿您二老身体健康、幸福永远！感谢我的爱人，一路上有你，再苦再累心里都会觉得温暖，你的爱永远是我生命中不竭的源泉！

感谢远在华中师范大学的王先霈先生！先生渊博的知识涵养、宽阔的学术视野、勤奋的治学精神、独到的理论见解，都是我为学为人的榜样。特别是论文写作期间，先生忙里偷闲地帮我搜集资料、指点论文，每遇迷途，必有先生去惑明心，学生感激不尽！

感谢所有的师兄、师姐、师弟和师妹，感谢所有关心过我的朋友！

张××

2008年5月1日

相关链接

本科毕业论文撰写及格式要求

1. 文字

用汉语规范文字书写，字数在8 000字左右。

2. 书写

毕业论文版面不分栏，一律由本人在计算机上用Word输入、编排并打印在A4幅面白纸上。

3. 页面设置

(1)页边距。左边距：2.5 cm，右边距：2 cm，上边距：1.4 cm，下边距：1.8 cm。

(2)页码的书写及编排。毕业论文页码从摘要部分开始至致谢，用阿拉伯数字连续编排，页码标在右下。

4. 论文标题序号

统一采用中文国标。具体序号为：

一级标题：一、

二级标题：(一)

三级标题：1.

四级标题：(1)

五级标题：①

六级标题：第一，……

……

5. 目录

目录按学校统一要求的格式编写，目录要求列到二级标题，一级目录用四号宋体，二级目录用小四号宋体(行距可视目录中标题的多少而定)。

6. 中英文摘要

中文摘要包括题目“摘要”字样、摘要正文和关键词。摘要正文后下空一行打印“关键词:”，每一关键词之间用分号分开，最后一个关键词后不打标点符号。正文字体均用小四宋体。

英文摘要字体用小四号 Times New Roman 字体，内容、格式与中文摘要相同。

7. 正文字体、字号及行距

正文部分：论文题目为三号黑体；一级标题为四号黑体；二级标题用小四号黑体，其他标题和正文用小四号宋体；数字和字母用 Times New Roman 体，段落前空 2 字符，单倍行距。

8. 论文注释格式

凡文中引用的数据和观点均应以注释形式表明具体出处。正文中引用的数据和观点均用脚注的形式标明出处，采用①②……这样的序号，标注处应该用上标(即①②……)。脚注序号每页新起，即每页序号从①开始。脚注采用小 5 号宋体。

9. 论文图表格式

(1)表和图均应有标题，以表 1-1、1-2……，表 2-1、2-2……，图 1-1、1-2……，图 2-1、2-2……的形式显示，表和图若为引用，必须标明详细出处(标在图、表的下方)，表、图中的符号要予以说明。

示例：说明：①……

②……

③资料来源：国家统计局：《中国统计年鉴(2000)》，80 页，北京，中国统计出版社，2000.

(2)表序、表题放在表的上方，图序、图题放在图的下方。论文中的表述不要用上表、下表、上图、下图之类的表述，而是直接用表 1-1，图 1-1 这样的表述。

(3)表序、表题和图序、图题用小 4 号楷体加粗。

(4)表序与标题之间、图序与图题之间不要加冒号，而是以空格隔开。

(5)表和图的内容(指标、符号、数据等)的字体应比正文文字字体小。

10. 年代、年份、数字的表述方式

不能用 85 年之类的表述，而必须用 1985 年这样的表述；不能用 80 年代之类的表述，而必须用 20 世纪 80 年代(或 1980 年)之类的表述。

数字在千位数以上，每隔 3 位数以空格隔开，如 1 000，10 000 000 等。

11. 英文缩写的表述方式

英文缩写第一次出现时，必须有中文全称。格式：中文全称(英文缩写)。

示例：世界贸易组织(WTO)

12. 参考文献

按毕业论文正文中出现的顺序列出直接引用的主要参考文献。参考文献的标注应符合国家标准《文后参考文献著录规则》(GB/T 7714—2005)。

文献为期刊的排列顺序是：编号、作者、文章题目名、出版年、期刊号、年份、卷号、期数、起止页码；文献为图书的排列顺序是：编号、作者、书名、出版时间、版次、出版单位、起止页码。

示例：

[1] 斯密：《国民财富的性质和原因的研究》，中文版，上卷，北京，商务印书

馆，1979.

[2] 于宗先：《资产泡沫化与经济消长》，载《经济学动态》，2004 年第 6 期.

[3] 中国人民银行：《各项贷款增速回升，储蓄存款明显增加》，载《中国财经信息网》（网址：http：//cat. cfi. net. cn/），2004 年 12 月 13 日.

外文参考文献建议采用以下格式：

Eugene F. Fama，1968. Risk Return and Equilibrium：Some Clarifying Comments. The Journal of Finance，Mar 1968，Vol. 23 Issue 1，pp. 29—40.

Alfred E. Kahn，1998. The Economics of Regulation：Principles and Institutions. The MIT Press.

参考文献数量不少于 10 篇。

13. 文献来源引注原则

注释及参考文献均应源自第一手文献（含外文文献的中译一手文献），即不要用转载期刊或者转载网站上的文献，如《新华文摘》、人大复印期刊、中国期刊网刊载的论文等电子文献都是二手文献，不得直接引注。在转载期刊或者转载网站上发现的文献，务必查阅原发期刊，引注务必用原发期刊。

第九章　会务性文书写作

章节序言

会务性文书泛指与会议类工作密切相关的一系列应用文书形式，如会议前的开幕词，会议结束后的闭幕词，还有会议后的会议纪要、会议报告、会议决议、会议报道、会议简报等，这些在会务过程中产生的应用文书形式称之为会务性文书，是应用写作的常用文体之一。

第一节　开幕词与闭幕词

知识扫描

一、概念

开幕词指重要会议或集会开始时由主持人或主要负责人发表的关于会议的目的、任务、会期、主要议程和会议注意事项的概括性讲话或演说文稿。通常是一种具有指导性、方向性和指示性的讲话稿。

闭幕词是在庄重严肃的重要会议即将结束时由会议有关领导人向大会所做的总结性讲话文稿。

二、写法

(一)开幕词。开幕词一般由标题和正文两部分构成。

1. 标题。标题一般是“会议名称＋开幕词”，下一行加上时间，再下一行加讲话人姓名。还有一种写法是直接把讲话人的姓名冠于题首，如“××同志在××会议上的开幕词”。或者采用正副标题的写法。

2. 正文。正文一般分为开头、主体和结尾三部分。

(1)开头。抬头第一行顶格写称呼，如“各位代表”“各位同志”“同志们”等。称呼之后，另起一行宣布会议开幕。有的会议还要求简介会议有关情况(参加人员、会议组织安排等)。

(2)主体。正文的核心部分。一般要提出会议的指导思想或宗旨，交代会议的主要任务、议程，强调会议的意义、作用与价值，对与会人员提出要求和希望。也可以插入对过去工作的回顾。

(3)结尾。一般以概括性语句总结全文，提出美好祝愿，或者发出号召。

(二)闭幕词。

1. 标题。标题与开幕词的标题相同，只将“开幕词”换成“闭幕词”。

2. 正文。

(1)开头部分抬头第一行顶格写称呼，之后另起一行，用简短的文字说明会议在什么情况下圆满或胜利闭幕。或者扼要总结会议情况。

(2)中间部分总结会议取得的成果和通过的重要事项，并向与会人员提出贯彻会议决议、精神的要求。

3. 结尾。以号召性的语言表明对实现会议宗旨的信心。最后一般用一句话宣布大会胜利闭幕。

案例评析

【案例一】

××集团公司商品交易洽谈会开幕式致辞

(××××年××月××日)

董事长　×××

女士们、先生们，朋友们：

值此××集团公司商品交易洽谈会开幕之际，我谨代表本集团公司向远道而来的各国来宾、港澳同胞、海外侨胞表示热烈的欢迎和良好的问候！

前年金秋，在庆祝本集团公司产品研发中心落成典礼时，我们曾在这里举办过一次商品交易洽谈会。今年这次洽谈会，规模和内容比上一次洽谈会更大和更丰富。本次洽谈会，将进一步扩大本集团公司和有关国家、港澳地区的经济技术合作和贸易往来，增进相互了解和友谊。

本集团公司地处我国沿海经济发达的××省，对外经贸事业的发展有着广阔的前景。目前，本集团公司已同世界上近30个国家和地区建立了贸易往来和经济技术合作关系，这种合作关系正在日益巩固和发展。

本次洽谈会，本集团公司将推出包括轻工、机电、陶瓷、电子及食品等250余种商品，供各位来宾选择。所展出的商品不少是我国或我省的名牌产品和新开发的出口产品。欢迎各位来宾洽谈贸易，凭样订货。

今天在座的各位来宾中，有许多是我们的老朋友，我们之间已建立了长久的良好的合作关系。对于各位真诚合作的精神，良好的信誉，本集团公司表示由衷的赞赏和感谢。同时，我们也热情欢迎来自许多国家、地区的新朋友，我们为有幸结识新朋友而感到十分高兴。我们欢迎老朋友和新朋友发展相互间的友好合作关系。

最后，预祝本集团公司商品交易洽谈会圆满成功！

谢谢！

【案例二】

在全国政协七届二次会议闭幕会上的讲话

（一九八九年二月二十七日）

李先念

各位委员，各位同志：

全国政协七届二次会议，经过全体委员的共同努力，已经完成预定的议程。这次会议坚持实事求是，发扬民主作风，体现了同心同德，团结奋斗的精神。

我们这次会议，听取并审议通过了常委会的工作报告。委员们对一年来政协的工作表示满意。委员们列席七届人大二次会议，听取和讨论了李鹏总理的政府工作报告和其他主要报告，表示赞同。大家认为，政府工作报告对当前形势的分析是符合实际的，针对这几年积累起来的问题提出的治理整顿、调整经济和深化改革的各项任务和政策措施，是必要的和可行的。委员们认为，坚持贯彻实施有关的方针和政策措施，我国的社会主义经济建设和社会主义民主建设，将会走上更加健康发展的道路。

这次会议，委员们比较集中地讨论了治理经济环境、整顿经济秩序的问题。（略）

各位委员，各位同志，当前我国的治理整顿和深化改革工作，正处于一个关键时刻，我们面临的任务十分艰巨。在这种情况下，更加需要全国各族人民同心同德，振奋精神，自力更生，艰苦奋斗。保持安定团结的政治局面，保持良好的社会环境，这是我们一切事业顺利发展的前提。正如邓小平同志不久前所说的，“中国压倒一切的需要是稳定。”政治稳定和经济稳定是相互作用、不可分割的。有了这两个稳定，也就会有整个社会稳定的局面。这样，我们的各项工作，才能有领导、有步骤、有秩序地进行。

风雨同舟，和衷共济，共图国家的昌盛和民族的兴旺，共图社会主义宏伟大业的实现，是人民政协的光荣传统。无论是在顺利的时候，还是在困难的时候，我们都要这样做，现在尤其要发扬这种精神。人民政协有义务有责任协助党和政府，把国家的事情办好。我们要通过人民政协的工作，通过中国共产党和各民主党派、人民团体、各族各界人士的共同努力，进一步完善共产党领导的多党合作制度和政治协商制度，更紧密地团结全国各族人民，促进各项建设事业的顺利发展。

各位委员，各位同志，今年是中华人民共和国诞生四十周年，也是人民政协成立四十周年。每当人们谈到人民政协是最早升起五星红旗的地方的时候，我们从事政协工作的同志都感到光荣和自豪。中华人民共和国是来之不易的。我们有责任让五星红旗放出更加夺目的光彩。参加人民政协的各方面、各单位，包括中国共产党，各民主党派、无党派爱国人士，各人民团体、各少数民族人士和各界爱国人士，以及台湾同胞、港澳同胞和爱国侨胞的代表，要坚持“长期共存、互相监督”“肝胆相照、荣辱与共”的方针，进一步发挥人民政协的优良传统和各种优势，振奋精神，同心协力，为各族人民的大团结，为祖国的和平统一，为中华民族的振兴繁华和富强而做出新的贡献。

现在我宣布：中国人民政治协商会议第七届全国委员会第二次会议胜利闭幕！

【案例三】

××小学首届教代会开幕词

尊敬的各位领导、各位代表们：

大家好！在局党委、局工会和校领导的高度重视和关怀下，今天我们迎来了××小学第一届教代会的隆重召开，出席本次教代会的正式代表共有22名，代表了我校111名教职工和工会会员。教代会的召开是我校广大职工和工会会员政治生活中的一件大事，是充分发挥全体职工智慧和凝聚职工力量的一个重要载体。在此，我代表学校党支部对大会的召开表示热烈的祝贺，并向各位代表致以亲切的问候！

近年来，我校全体教职工在赵校长的领导下，紧紧围绕学校各时期的中心工作，以饱满的热情、以主人翁的态度，积极投入到学校各项教学改革中去，取得了可喜的成绩。如今学校的硬件设施更加完善，校园环境更加优美，师资水平明显提高，育人质量连年进步，得到了领导、家长及社会各界的普遍公认和广泛赞誉。

各位代表，发展是永恒的主题，办人民满意的教育是我们不变的追求。新的形势给我们提出了更新更高的要求，新《义务教育法》的实施给我们提供了更多更好的发展机遇。竞争依然激烈，困难依然存在。我们决不能停留在已有的成绩上，我们应该进一步营造积极、健康、和谐的发展环境，开拓创新、奋发有为，取得新的发展和突破。

本次教代会，我们将严格按《工会法》认真地实践教职工代表大会的职能。本次大会，一是要讨论实验小学岗位津贴修改意见和考核量化方案；二是进行工会委员的换届选举，全体教职工代表将投票产生新一届的工会领导班子。

希望大家在会议期间以高度的责任感和主人翁的意识，行使好参政、议政的权利，为学校的深化改革出谋献策，为学校在新的一年中各项工作有新的突破做出努力。

我相信通过各位代表、老师的共同努力，本次教代会一定能顺利完成全部议程，为提高我校教师工作的积极性，为全面提升我校办学层次发挥应有的作用。

预祝大会圆满成功！谢谢大家！

2010年2月2日

【案例四】

××小学首届教代会闭幕词

尊敬的各位领导、各位代表们：

大家好！在全校教职员工的关心支持下，在全体代表的努力下，我校首届教代会圆满完成预定的各项任务，今天即将闭幕。

会议期间，代表们认真听取、审议并通过了《学校工作报告》《工会工作报告》《学校财务工作报告》《××乡小学绩效工资发放方案》。还对今后学校各方面工作提出了许多建设性的意见和建议。大家畅所欲言，充分说明了代表们主人翁意识强、参政议政意识强。会议气氛热烈和谐，这是一次解放思想、实事求是的大会，是一次与时俱进、开拓创新的大会，也是一次发扬民主、团结和谐的大会，它必将对我校今后的工作产生深远而积极的影响。

回顾过去，我们豪情满怀；展望未来，我们深感责任重大。代表们，“百年大计，教育为本”，社会主义教育事业是为祖国现代化建设造就劳动者和接班人的伟大工程，基础教育则是这项工程的奠基石。坚持教育改革方向，则是发展教育的根本出路，希望大家回到各自岗位上，要在××小学教职工中大力宣传会议精神，进一步深化教育教学改革，团结全体教职工，为××小学的发展做出应有的贡献。

最后，我宣布，××小学首届教职工代表大会胜利闭幕！

2010 年 2 月 2 日

实训课堂

明年五月，是××××学院的第二十五届运动会。请你以院长的名义为运动会各写一篇开幕词和闭幕词。

第二节　会议记录

知识扫描

一、概念

会议记录是在会议过程中由专门的记录人员把会议情况和会议内容如实笔录形成的书面材料。

二、种类

(一)详细记录。对会议全过程进行详细记录，包括发言人的一举一动。

(二)摘要纪录。将发言人有关会议议题的讲话要点、重要数据和材料记录下来。

(三)重点纪录。不对会议过程和个别发言逐一做出记录，只记录重要的会议事件和会议决议。

三、特点

(一)原始性。用流水账的方式记录会议进程和发言内容，全面、自然，但是不成文。记录会议原始材料。

(二)客观性。不允许记录员掺进自己的言论或者倾向。重要的会议需要两名以上的记录员。

（三）规范性。使用统一的记录专用笺；按统一的记录格式记录；使用规范的简体字和行书草字；使用规范的速记和紧缩记法；要用蓝黑墨水的钢笔或者可用于档案书写的专用笔。

四、写作

会议记录由标题、会议组织情况、会议进行情况、尾部构成。

（一）标题。会议名称＋记录；会议内容＋记录。

（二）会议组织情况。

1. 会议时间：年、月、日、午、时。

2. 会议地点：具体清楚。

3. 会议出席人：重要会议由出席者亲笔签到，大型会议由代表签出席人数；一般会议由记录员记录出席人姓名或写出与会人员的范围。如“处级以上党员干部”“全体教职工”。

4. 缺席人：重要会议要记录清楚缺席人的姓名和缺席原因。

5. 列席人：特邀列席人员，要详细记录其姓名、职务。可以由列席人亲笔签到，也可以由记录员填写。

6. 记录员：写清楚姓名。

7. 议题：有多个议题时要分条列写。

（三）会议进行情况。

包括主持人开场白、大会主题报告、讨论发言、决议。

1. 开场白：了解会议意图的主要依据，要着重记录。

2. 大会主题报告：有发言稿的要记录下报告题目，注明原文见附件；没有发言稿的要记录下要点。

3. 讨论发言：按照发言顺序将每个人的发言内容记录下来。要写清楚姓名，不要写职衔。

4. 决议：会议最后做出决定的，要把决议梳理概括清楚，分条列出。暂时议而未决的就写“暂不决议”。

（四）尾部。包括结束语和署名。结束语，记录完毕，另起一行低二格写“散会”“休会”；署名，记录员检查后在“散会”的右下方签名，交主持人过目，签上主持人姓名。

案例评析

××区干部培训中心第×次办公室会议记录

时间：2005 年 3 月 4 日 14：30—17：00

地点：培训大楼第×会议室

出席人：刘××（主任）、杨××（教务长）、张××（办公主任）、吴××（办公室秘书）

及各培训部主要负责人。

缺席人：王××、张××（外出开会）。

主持人：刘××（主任）

记录：吴××（办公室秘书）。

一、报告

（一）杨××报告中心基本建设进展情况。（略）

（二）主持人传达区人民政府《关于压缩行政经费的通知》（以下简称《通知》）。（略）

二、讨论

我中心如何按照区人民政府《通知》的精神抓好行政经费的合理开支，切实做到既勤俭节约，又不影响正常的培训教学、科研等活动的开展。

三、决议

（一）利用两个半天时间（具体时间由各培训部自己安排，但必须安排在本周内）组织有关人员集中传达学习《通知》精神，提高认识，统一思想。

（二）各培训部负责人在认真学习的基础上，利用下周政治学习时间向群众传达、宣讲。

（三）各培训部责成有关人员根据《通知》的压缩指标，重新审查和修改本年度行政经费开支预算，并于两周内报主任办公室。

（四）各培训部必须严格控制派出参加外地会议及外出学习人员的人数，财务科更要严格把关。

（五）利用学习和贯彻《通知》精神的机会，对全中心员工普遍开展一次勤俭节约、艰苦朴素的传统教育。

散会。

主持人（签名）

记录人（签名）

【评析】

1. 标题为会议名称＋记录。

2. 会议组织情况记录了会议的基本信息，包括：时间、地点、出席人、缺席人、主持人及记录人员，完备详尽。

3. 会议进行情况记录了会议的几个主要内容，包括：报告、讨论及决议，思路清晰。

4. 尾部信息：会议主持人及记录人签字。

5. 行文“有闻必录”，符合会议记录的书写原则。

实训课堂

主题班会记录

<table>
<tr><td>会议名称</td><td colspan="3"></td></tr>
<tr><td>时间</td><td></td><td>地点</td><td></td></tr>
<tr><td>主持单位</td><td colspan="3"></td></tr>
<tr><td>主持人</td><td colspan="3"></td></tr>
<tr><td>记录人</td><td colspan="3"></td></tr>
<tr><td rowspan="2">参加人员</td><td>出席</td><td colspan="2"></td></tr>
<tr><td>列席</td><td colspan="2"></td></tr>
<tr><td>缺席人员</td><td colspan="3"></td></tr>
<tr><td colspan="4">会议内容(可另附页)</td></tr>
<tr><td colspan="4"></td></tr>
</table>

第三节　会议纪要

知识扫描

一、概念

“纪”有综合整理的意思；“要”指要点。会议纪要是用于记载、传达会议情况和议定事项的会务性文书，即把会议的主要情况、主要精神加以综合整理，形成文字，是《党政机关公文处理工作条例》中明确规定的15种公文之一。

二、类型

(一)部署工作型。部署工作型会议主要为解决问题召开，会议纪要要把会议精神和决定传达下去。

(二)交流研讨型。交流研讨型会议主要目的在于交流和探讨，不一定做出决议，会议纪要的目的是把情况通报给大家。

三、写法

(一)标题。常用形式是“会议名称”+“文种”。也可以用正副标题的形式，正标题一般用概括的语言体现会议精神或会议主题，副标题以“××会议纪要”说明。

(二)正文。一般分会议概况、会议内容、结束语三个部分。会议概况一般位于开头，介绍会议时间、会议名称、会议议题、出席人、主持人、会议过程。视具体情况定详略，一般要求简洁扼要。会议内容是会议纪要的重点，要写明、写充实会议的重要发言和决议，不可出现缺漏。一般有综合归类、分项罗列、摘要式三种写法。结束语是正文部分的小结，往往对与会者、下级机关、群众提出希望和要求。

(三)署名。由会议支持机关撰写，可以在最后署名，也可以不署名。

案例评析

××省伤病残战士移交安置工作军地领导联席会议纪要

根据党中央、国务院、中央军委有关指示精神，××军区、自治区党委、自治区人民政府和××军区于1999年10月28日在××召开××伤病残战士移交安置工作军地领导联席会。××军区副政委×××，自治区党委副书记×××，自治区人民政府副主席×××，××军区司令员×××、政委×××、副政委×××，××军区司令部、政治部、后勤部，自治区党委办公厅、自治区人民政府办公厅、民政厅、财政厅、卫生厅、劳动厅，××军区司令部、政治部、后勤部等有关部门的负责人参加了会议。会议认真传达学习了江泽民总书记、朱镕基总理以及军委领导同志关于做好伤病残战士安置工作的重要指示，分析了当前移交安置伤病残战士面临的新情况、新问题，研究了这次广西安置23名伤病残战士的措施和办法。×××、×××、×××、×××同志分别讲了话。现将会议情况纪要如下：

一、会议认为，必须统一思想，把移交安置伤病残战士作为一项重要的政治任务。军队是执行特殊任务的武装集团，伤病残战士长期滞留部队，极不利于部队战斗力的提高。滞留在部队的伤病残战士，是在部队紧张的战备训练或抢险救灾中负伤或因病致残的，为部队建设做出了应有的贡献。依据法律和政策安置好伤病残战士，是各级人民政府义不容辞的责任。各级党委人民政府和有关部门，要充分认识安置伤病残战士的重大意义，切实把这项工作作为一项重要的政治任务，以实际行动支持部队建设，巩固和发展军政军民团结的大好局面。

二、会议强调，要明确职责，落实伤病残战士安置工作责任制。……

三、会议提出，安置伤病残战士要特事特办，确保任务按时完成。……

【评析】 这是一则比较规范的会议纪要。

1. 标题由会议名称及纪要组成。

2. 正文部分先交代了会议基本情况，使人们对会议整体情况有所了解。然后“会议认为”“会议强调”两个段落介绍了会议的意义和目的；接着“会议提出”一段提出了会议的具体要求，对下一步工作做出了具体安排。

3. 纪要具有鲜明的指导性，使与会单位和相关人员明白要做什么、怎么做，在准确传达会议精神方面起到了重要作用。

实训课堂

2015 年××学院教代会召开在即，假定你是一名出席教代会的学生代表，为了更好地向广大学生传达会议精神，请你做好参会准备，会后草拟一份会议纪要。

相关链接

会务性文书间的区别与联系

会议决议、会议记录、会议简报、会议公报、会议纪要都是会议文件。但是它们产生的方式和作用不同。

会议记录是原始材料，“有闻必录”，会议纪要则是正式文件，需要加工整理，留下重要的内容，剔除枝节。会议纪要一般比较重要的会议才写，会议记录则一般会议都需要写。会议纪要既可向上呈报，又可向下传达，还可以在平级机关之间沟通。

会议决议是按照法定多数表决通过的，会议纪要主要由会议支持机关审定制发，决议的内容较纪要更具有原则，且纪要要求详尽具体。

会议简报主要用于反映会议动态、沟通情况，所载内容只具有参考性，而会议纪要具有指挥的权威性。

会议公报的内容与会议纪要有类似之处，但公报主要报道会议核心内容，是纪要的要点，公报仅用于党和国家的高层次会议。

第三篇　职业写作能力训练

第十章　行政文书写作

教学目标

知识目标：理解行政、法律、经济、建筑等相关职业文书写作知识。

能力目标：掌握行政、法律、经济、建筑等相关职业文书写作技能。

素质目标：提高职业写作规范意识、提升职业写作综合素养，提高职场应对能力。

章节序言

行政公文，是公务文书的简称，是人们在治理社会、管理国家的公务实践中使用的具有法定权威和规范格式的应用文。它是特殊规范化的文体，具有其他文体所没有的权威性，有法定的制作权限和确定的读者，有特定的行文格式，并有行文规则和办理办法。

知识扫描

一、概念

行政公文，是国家行政机关在行政管理过程中形成的具有法定效力和规范体式的文书，是依法行政和进行公务活动的重要工具。

行政公文作为颁布法规、部署工作、传递信息、沟通情况、商洽工作的载体，具有指导作用、联系作用和凭证作用，从而体现了国家行政机关的管理职权。

二、种类

(一)按适用范围划分。2012 年 4 月中共中央办公厅、国务院办公厅联合印发了《党政机关公文处理工作条例》，决定从 2012 年 7 月 1 日起施行新修订的《党政机关公文处理工作条例》。1996 年 5 月 3 日中共中央办公厅发布的《中国共产党机关公文处理条例》和 2000 年 8 月24 日国务院发布的《国家行政机关公文处理办法》停止执行。

国家行政机关公文最新版本有 15 种，分别是决议、决定、命令(令)、公报、公告、通告、意见、通知、通报、报告、请示、批复、议案、函、纪要，比 2000 年 8 月的版本多了决议和公报两个文种。

中国共产党机关公文公认的有决议、决定、公报、公告、通告、意见、通知、通报、报告、请示、批复、议案、函、纪要十四个文种。

(二)按行文方向划分。可分为下行文、上行文和平行文。

下行文指具有隶属关系的上级机关发给下级机关的公文；上行文指具有隶属关系的下级机关呈报给上级机关的公文；平行文指同系统内的平级机关或不相隶属的机关之间来往的公文。

(三)按缓急程度划分。可分为特急、急件、一般文件三类。这是从公文的办理时限来说的。急件应当在接到来文后3天之内办理完毕，特急件应当在1天内办理完毕。

(四)按秘密等级划分。可分为三个等级：绝密、机密和秘密。秘密等级简称密级，应在公文首页注明。

三、格式

公文的格式可以分为文头、主文及文尾三个部分。

(一)文头。公文的文头，又称版头，位于公文首页上端，一般约占A4型公文纸的1/3或2/5面积。

1. 文件名称。由发文机关全称或规范化简称后加“文件”两字组成。如“××省人民政府文件”“××市商业局文件”。

2. 发文字号。发文字号指某一公文在发文机关一个年度内发文总号中的实际顺序号。位于文件名称下，间隔线上面居中位置，紧靠间隔线。发文字号使用与正文相同的字体。

(1)发文字号由发文机关代字、年份、序号三部分组成。发文字号中三个部分的书写顺序是：先写发文机关代字，其次是年份，最后是序号。如“粤科院字[2000]14号”，表示是广东省科学院在2000年度内发的第14号文。

(2)文号中的年份，要用阿拉伯数字完整书写，用括号括起来。

(3)发文字号的作用主要有三个：一是便于登记；二是便于分类、归档；三是便于查找、引用。

3. 签发人。“签发人”是指批准发出公文的机关领导人。签发人姓名的位置在发文字号的右侧空两字位置处：写上“签发人”，加冒号，后写其姓名。只有上行文才需注明签发人。

4. 秘密等级(密级)。秘密等级是指公文内容涉及秘密程度的等级。《中华人民共和国保密法》将秘密等级分为绝密、机密、秘密三级。

5. 紧急程度(急度)。紧急程度是指送达和办理公文的时限要求。紧急程度一般写在公文首页左上角密级之下。

6. 份号。份号，又称编号，是标记一份具体文件在该文件总印发数中的实际编号。份号应标在公文首页左上角。

(二)主文。

1. 标题。

(1)完整的公文标题由发文机关名称、公文事由(或公文主题)、公文种类三部分组成。

(2)公文标题的三个部分，有时可以省略除文种外的一个或两个部分。一般使用“关于”这个介词结构。

(3)注意事项：一是在移行排列时不要将结构紧密的词语拆开跨行排列，以保持词语的相对完整。二是要保持标题的居中、对称和醒目。

2. 题注。题注即注释、说明标题的文字。它位于标题之下、主送机关以上，一般用来注明法规性文件或经讨论通过文件的法律程序、会议时间、地点。

3. 主送机关。主送机关，是指公文的主要受理机关。写在正文之前，标题之下，顶格写，尾加冒号。

(1)主送机关不止一个时，应按其性质、级别或惯例依次排列，中间用顿号(类间用逗号)断开。

(2)普发性下行文，主送机关较多，一般使用泛称，如“校直属单位”。

(3)上行文的主送机关一般是一个。

(4)没有特指主送机关的公布性公文，则不写主送机关。

4. 正文。正文是公文的核心部分，内容一般分开头(又称缘由或引据)、事项、结尾三部分。正文内容较多时，可以分段写，也可以加分层序码表示各层之间的关系，分层序码的规范顺序依次是：“一”“(一)”“1”“(1)”“①”。

5. 发至级限。发至级限指文件发至层次。

6. 附件。附件是公文正文附属材料的顺序和名称的标注。

(1)附件写所附内容的标题或名称，如果件数较多，应注明顺序和名称。

(2)“附件”写在正文之后，发文机关的左前方，空两格，并加冒号。

(3)有的公文，附件只发给主送机关或部分抄报、抄送机关，应在附件后注明。

(4)正文内本已写清所转发的文件、材料名称的，不必再写“附件”。

7. 发文机关。发文机关，是公文的作者或发出单位。发文机关要写全称或规范化简称。若是联合行文，主办机关排列在前。

8. 签署。签发文件的领导人在公文正文落款处的签字或盖章称为签署。签署和印章一样，都是文件生效的标志。

9. 成文时间。成文时间关系到公文的时效。成文时间要用汉字完整书写年、月、日，一般位于正文尾发文机关名称下一行右侧位置，会议通过的文件，成文时间在公文标题下的括号中做出说明。

10. 印章。印章是机关最权威的代表形式，是公文效力最权威的凭证，是发文机关对公文负责的标志。印章要端正、清晰地盖在成文时间年、月、日的上方。上不压正文，下要压年、月、日。

(三)文尾。

1. 主题词。主题词是经过规范处理的用来标引公文主题内容的词或词组。根据《国家行政机关公文处理办法》第10条规定，公文应当标注主题词。上行文按照上级机关的要求标注主题词。

(1)掌握选词原则。反映公文主题内容。一份文件的主题词，一般不超过 5 个。其标引顺序是先标类别词，再标类属词。在标类属词时，先标反映文件内容的词，最后标反映文种的词。各主题词之间空 1 格，不写标点符号。

(2)要使用主题词表。国务院办公厅秘书局印发的《国务院公文主题词表》(1997 年 12 月修订)，由 15 类 1 049 个主题词组成。

(3)主题词的标引，应坚持“谁办文，谁标引”的原则。

2. 抄送机关。抄送机关，是除主送机关外需要执行或知晓公文的其他机关。其位置在主题词下，印发机关之上。

3. 印发机关、印发日期和印数。印发机关，即印发公文的机关，要写全称。印发日期，即印发公文的日期，一般写公文送印刷厂之日或发出之日。

印发机关和印发日期位于末页页码上端，在同一行。前面顶格写印发机关，最后写印发日期。印数，是指公文的实际印制份数，位于印发时间的正下方，写“共印××份”，用圆括号括上。

4. 附注。附注用于说明其他项目不便说明的事项。如说明有关引文的出处；解释有关名词术语。发至级限，有时也以附注的形式来说明。

5. 页码。页码，即公文的页码顺序，在一页公文的最下端。

四、排版

(一)排版规格。正文用 3 号仿宋体字，一般每面排 22 行，每行排 28 个字。

(二)制版要求。版面干净无底灰，字迹清楚无断划，尺寸标准，版心不斜，误差不超过 1 mm。

(三)印刷要求。双面印刷，页码套正，两面误差不得超过 2 mm。黑色油墨应达到色谱所标 BL100%。红色油墨应达到色谱所标 Y80%、M80%。印品着墨实、均匀。字面不花，不白，无断划。

(四)用纸要求。公文用纸采用 A4 型，幅面尺寸为 210 mm×297 mm。排版尺寸：上边距大于下边距，左边距大于右边距。

(五)装订要求。公文应左侧装订，不掉页。包本公文的封面与书心不脱落，两页页码之间误差不超过 4 mm。

五、术语

(一)称谓词。第一人称：“本”“我”，后面加上所代表的单位简称。

第二人称：“贵”“你”，后面加上所代表的单位简称。

第三人称：“该”，在应用文中使用广泛，可用于指代人、单位或事物。

(二)领叙词。常用的有：根据、按照、为了、接……、前接或近接……、遵照、敬悉、惊悉、……收悉、……查、为……特……、现……如下。

应用文的领叙词多用于文章开端，引出法律、法规以及政策，指示的根据或事实根据。也有的用于文章中间起前后过渡衔接的作用。

(三)追叙词。常用的有：业经、前经、均经、即经、复经、迭经。

在使用时，要注意上述词语在表述次数和时态方面的差异，以便有选择地使用。

(四)承转词。承接上文转入下文时使用的关联、过渡词语，用于陈述理由、事实之后引出作者的意见、方案等。这种词语不仅有利于文辞简明，而且起到前后照应的作用。常用的有：为此、据此、故此、鉴此、综上所述、总而言之、总之。

(五)祈请词。祈请词又称期请词、请示词。用于向受文者表示请求与希望。常用的有：希即、希敬、希请、望、敬请、烦请、恳请、希望、要求。

使用祈请词的目的在于营造机关之间相互敬重、和谐和协作的气氛，从而建立正常的工作联系。

(六)商洽词。商洽词又称询问词。用于征询对方意见和反映，具有探询语气。常用的有：是否可行、妥否、当否、是否妥当、是否可以、是否同意、意见如何。

这类词语一般用于公文的上行文、平行文中。在使用时要注意确有实际的针对性，即确需征询对方意见时使用。

(七)受事词。即向对方表示感激、感谢时使用的词语。常用的有：蒙、承蒙。

属于客套语，一般用于平行文或涉外的公文。

(八)命令词。即表示命令或告诫语气的词语。用以增强公文的严肃性与权威性，引起受文者的高度注意。

表示命令语气的词语有：着、着令、特命、责成、令其、着即。

表示告诫语气的词语有：切记、毋违、切实执行、不得有误、严格办理。

(九)目的词。用于上行文、平行文的目的词，还需加上期请词。常用的有：请批复、请函复、请批示、请告知、请批转、请转发。

用于下行文，有：查照办理、遵照办理、参照执行。

用于知照性的文件，有：周知、知照、备案、审阅。

(十)表态词。表态词又称回复用语。即针对对方的请示、问函，表示明确意见时使用的词语。常用的有：应、应当、同意、不同意、准予备案、特此批准、请即试行、按照执行、可行、不可行、迅即办理。

(十一)结尾词。即置于正文最后，表示正文结束的词语。

用以结束上文的词语。常用的有：此布、特此报告、通知、批复、函复、函告、特予公布、此致、谨此、此令、此复、特此。

再次明确行文的具体目的与要求。常用的有：……为要、……为盼、……是荷、……为荷。表示敬意、谢意、希望。常用的有：敬礼、致以谢意、谨致谢忱。

六、程序

公文的处理程序主要包括发文处理程序及收文处理程序，基本步骤如图 10-1 所示。

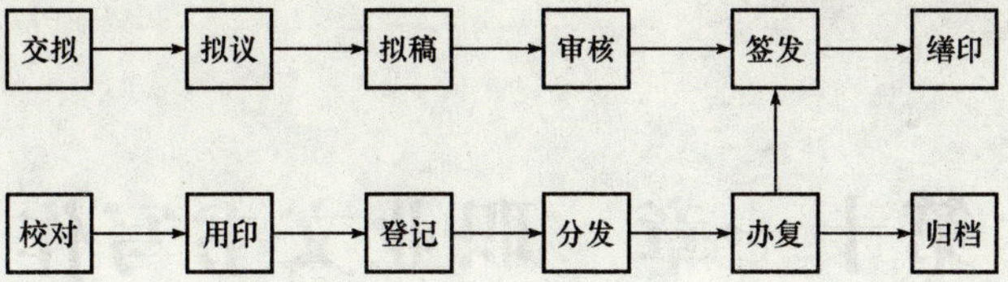

（a）

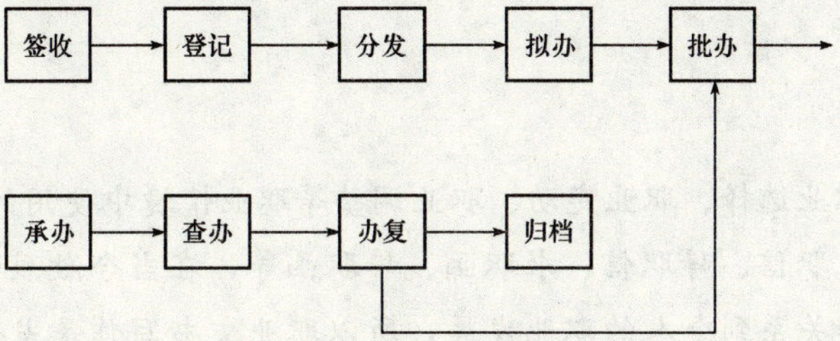

（b）

图 10-1　公文的处理程序

(a)发文处理程序；(b)收文处理程序

相关链接

参见附录一和附录二。

第十一章　职业文书写作

章节序言

职业文书是在职业选择、职业变动、职业调整等职业情境中使用的一种应用文书形式，常用的职业文书有求职信、辞职信、求职函、辞职函等，在当今激烈的职业竞争中，职业文书写作的好坏直接关系到个人的职业发展，所以职业文书写作是当代大学生必备的一种文字表述能力。

第一节　求职信

知识扫描

一、概念

求职信是求职者向用人单位介绍本人的有关情况，表明求职意图，希望对方予以任用的一种书信。在现代社会，经济和各项事业迅猛发展，人才竞争日益激烈，求职已成为一种普遍现象。为了更好地展示个人才华，表达个人意愿，谋求实现理想和抱负的机会，充分利用求职信这种工具来实现自己的目的已越来越重要和必要。

二、性质

求职信以让对方了解自己、相信自己、录(聘)用自己为目的，是实行聘任制的产物。有单位聘用，就会有人应聘，就要有人写求职信。求职信为求职者和用人单位搭起了一座桥梁，它能沟通二者的关系，实现招聘的目的。

三、特点

(一)自我举荐。求职者与用人单位互不了解，为了使对方了解自己，就得自我举荐，自我介绍。求职者针对用人单位的要求，具体介绍自己的专业、学历、特长、优势、能力、工作经历等情况，让用人单位录用自己。

(二)充满信心。求职者在求职过程中，既要避免自吹自擂，又要充满自信，胸有成竹，语气肯定，切记太过谦虚，这样，才会给用人单位留下深刻良好的印象，有利于求职成功。

四、写法

求职信包括标题、称呼、正文、结尾、落款、附文六部分。

(一)标题。在第一行正中写“求职信”或“致×××的求职信”等字样，字要大。

(二)称呼。在第二行顶格写收信人名称或领导人姓名，为了表示尊重，可加敬辞，如“尊敬的”等。

(三)正文。正文内容主要包括以下几个方面。

1. 开头。要先向对方表示问候或致谢，表明求职意图。

2. 介绍本人的基本情况。包括：姓名、性别、年龄、政治面貌、学历、职称等。

3. 陈述求职的理由和求职目标。主要针对用人单位的招聘广告或通过自己调查了解到的对方信息，介绍自己求职的条件。应尽量扬长避短，展示自己的优势。充分证明你是适合应聘岗位的最佳人选。

4. 表明态度与决心。对今后工作做一简要的设想，表明干好工作的决心与信心。

(四)结尾。再次强调求职的愿望和要求，用恳请的语言，希望对方能给自己一次面试的机会，然后写感谢致敬的惯用语。

(五)落款。在正文右下方，写上自己的姓名：“求职者×××”，在下一行写上写信的时间。有的求职信有附件，附有学习成绩、奖励、成果等，能证明自己比别人优秀的材料。

(六)附文。写明联系地址、邮编、联系电话、联系人。

五、要求

(一)实事求是。写求职信，不能弄虚作假，欺骗用人单位。

(二)措辞得当。求职信的语言要朴实无华，措辞要有分寸，不要夸夸其谈，把自己说成无所不能，要体现出勤奋、踏实、稳重的精神风貌，给对方留下良好的印象。

(三)字迹工整，书面整洁，无错别字。俗话说“文如其人，字如其人”。求职信是求职者给用人单位的第一印象，特别重要，因此要认真书写，不能疏忽大意。

案例评析

【案例一】

求职信

尊敬的领导：

您好！非常感谢您在百忙之中抽出时间来阅读我的这份自荐材料，给我一次迈向成功的机会。

我来自××，是××学院建筑工程专业的一名应届毕业生。与众多莘莘学子一样，毕业在即，收获在望，等待着时代的选择，等待着您的垂青。

我十分珍惜求学生涯的学习机会，三年里本着严谨求学的态度，认真学习建筑工程方面的专业知识，涉猎广泛的相关课外知识，如建筑电气、暖通技术等。为人勤奋、刻苦，成绩出色，连续两年获得校一等奖学金以及国家、政府的奖助学金。除掌握扎实的专业知识外，我在大一下学期就顺利通过了英语三级考试。在电脑与网络方面，能够熟练操作Word、Excel以及AutoCAD建筑软件等。

在认真学习专业知识的同时，在校期间更积极参加了多项文体活动，丰富的学生干部经历，不仅让我学会了团队中的合作，与人交往的能力，自己宣传、组织等各方面的能力也都得到了很大的提高。课余时间我还非常重视社会实践，丰富的社会实践经历，增强了我融入社会的能力，为我更好地适应社会，积累了宝贵的工作经验与处世经验。相信在日后的工作中，我将会以更快的速度、更高的热情、更好的状态给公司带来效益。

高度发展的社会需要的是全方位高素质的合格人才。三年的大学生活铸就了我勤奋敬业、百折不挠的精神，这为适应日后的工作做好了准备；优异的成绩与良好的学生工作业绩表明我能够很好地协调学习、工作与课外活动三者之间的关系；丰富多彩的社团活动和各种形式的社会实践提高了我的综合素质；我性格开朗，意志坚定，工作努力，责任心强，敢于大胆创新，能够适应不同的环境，有良好的心理素质，具有极强的可塑性，更重要的是我有足够的信心和勇气去面对激烈的竞争与挑战。

我虽然不是最优秀的，但我坚信，凭着满腔的热情，刻苦顽强的拼搏精神，虚心学习的品质，绝对上进的劲头，加上贵单位给予我的机会，我一定能够在工作中发挥出最大的潜力，为贵单位的发展尽绵薄之力。

最后，再次感谢您阅读此信。愿贵单位兴旺发达，蒸蒸日上。

此致

敬礼

×××

2000年9月20日

【评析】 这是一篇较标准的求职信样本，开篇阐释求职意向，正文论述自身的求职资历，最后表明求职请求。行文严谨、思路严整。

【案例二】

自荐信

尊敬的贵公司领导：

愿您一切都好！一个可爱的领导会用人，一个可敬的领导不随便用人。

有人笑谈，世界上只有两种人，一者是悲观的人，一者是乐观的人。乐观的人发明了飞机，悲观的人发明了降落伞。

我是一个热爱生活的人，生活赋予了我知识与力量。

立足今日，纵观过去与未来，我一直在做着同样的一件事情，那就是选择。我一直很高兴，因为我的选择。

很幸运自己的选择，我生在农村，我长在农村。农村有太多的宝贵的一辈子都会珍惜的品质——勤劳、乐观、包容、纯朴、安静、简单。农村有至亲至爱的一辈子都会关爱的人——家人、亲戚、邻居、伙伴。农村有耐人寻找的一辈子都不会忘记的味道——饭的香甜与菜的可口。

很幸运自己的选择，在大学里，我选择了建筑工程技术专业。从此真正走进了建筑，不再像搭纸牌、堆积木那样的天真。从小的梦想就是长大后成为一名建筑师，给他人为自己建造最具有个性的房子。喜爱建筑，建筑就是创造，我们把钢筋、水泥、砌块、木材等其他材料加以组合拼凑，提供一个平台，承载着不同的名族，传播着不同的文化。喜爱建筑，建筑就是融合，我们从旧的建筑走向新的建筑，从不同的建筑走向同一个建筑。喜爱建筑，建筑就是历史，走进古建筑了解那段历史，身临那个环境，或沧桑或热闹。也许建筑已变成废墟，废墟是过去遗留下来的建筑，是那个时代建筑的缩影，是了解那个时代的最好物证。但每每看到废墟，心里就不舒服。毁灭的圆明园是令人痛心的。但是谁也不会开着推土机把它铲平，在废墟之上再塑一座高楼。喜爱建筑，建筑就是美，是形势美与内在美的统一。

这次选择更重要，相信我的这次选择一定也是幸运的。我经常问自己，“我一直在做什么”，“我能够做什么”。不管做什么，责任是最重要的。责任就是能力，责任就是坚持，责任就是成绩。

我坚信有志者事竟成，对待任何一件事情，有始有终！我可爱可敬的领导，耽误了您们的时间，谢谢。

×××

2001年1月21日

【评析】 这是一名大学毕业生的自荐信，行文偏感性，没有明确地提出求职目标，也没有详尽地罗列自己的求职资历，通篇以一种诗性的自荐为主，畅谈生活赋予他的知识和力量，还有他对所学专业的热爱之情，相较于那些直奔主题、急于求成式的求职信，风格迥异，别具一格，颇有耳目一新之感。

实训课堂

小李是某建筑学院室内设计专业的一名在校生，大二下半学期他想利用业余时间到社会上参加专业实习，比较后他选择了一家市内知名的实习单位，并希望可以通过实习顺利留在该单位任职，请你结合小李的实际情况，为他设计一份求职简历。

要求包括封皮、表格式简历、求职信及个人能力相关证明材料。

第二节 辞职函

知识扫描

一、概念

函是平行机关或不相隶属的机关之间，商洽和联系工作、询问和答复问题请求批准和答复审批事项时使用的一种公文。

从行文方向看有来函和复函。公务便信也称“函”，即便函，便函不是正式公文，不同于公文中的“函”。

二、使用范围

(一)用于机关之间商洽工作、询问和答复问题。

(二)用于不相隶属机关之间的请示批准和答复审批。有隶属关系的下级机关向上级机关请求批准用请示，而不相隶属的机关处理某些需要其他系统的主管部门批准的事情，就要用“函”的形式提出请求。有关部门答复这类请求也用函而不用批复。

三、类型

(一)商洽函：用于机关之间商洽工作，讨论问题。

(二)询问函：向收函者提出问题，要求对方答复。

(三)答复函：回答对方的询问。

(四)请批函：请求不相隶属的主管部门批准事项。

(五)知照函：把与收函者有关的情况告诉对方。

四、写法

(一)标题。标题常用形式为完全型，也可用“事由”+“文种”“发文单位”+“文种”。文种名称根据行文方向而定，可以是“函”，也可以是“复函”。

(二)主送单位。正文之前用单独一行，顶格书写受文单位名称，名称之后用冒号引起下文。

(三)正文。函的正文应当一函一事，主要由缘由、事项、结语三部分组成。如果是去函可以用“请函复”“请同意”“请批准”等表示愿望、意见的词语作结，复函一般用“此复”“特此函复”“专此函复”作结。有些知照性、答复性的函也可以不加结语。有些函也用“此致敬礼”表示礼貌和客气。

（四）落款。正文之后右下角署发函单位名称、发函时间。

五、要求

函的文种语言要求应尊重对方，平等、诚恳。尚未确定的事要用商量的口吻，对已经发生的事情要说得明白清楚。态度要亲切自然，不可刻板生硬，盛气凌人。

案例评析

辞职函

××公司：

因家人工作调动，本人决定从二〇〇五年十二月九日起辞去××公司会计职务。感谢多年来各位领导及同事的帮助与支持，期待再次合作。

此致

敬礼

×××

二〇〇五年十一月八日

【评析】 这是一篇简短的辞职函。开篇直述辞职打算，接着简要地写辞职的原因，对公司领导和同仁表示感谢，最后，“期待再次合作”一句，留有合作的余地。文章开门见山，理由简明扼要，能注重处理好关系。值得说明的是，如果个人与公司的感情深，则还可增加些表达谢意的笔墨。

实训课堂

假定你是一家企业的高级管理人员，单位领导很器重你，同事也很喜欢你，可是你想辞职单干，又不想丢掉自己建立起来的人脉圈和业务圈，你该怎样和你的领导沟通，试用一封辞职函来表达你的想法。

第三节 申请书

知识扫描

一、内涵

申请书是个人或集体向组织、机关、企事业单位或社会团体表述愿望、提出请求时使用的一种文书。申请书的使用范围广泛，种类也很多。按作者分类，可分为个人申请书和单位、集体公务申请书。申请书要求一事一议，内容要单纯。不同的对象有不同的申请书，常见的有入团申请书、入党申请书等。

二、写法

(一)标题。标题有两种写法，一是直接写“申请书”，二是在“申请书”前加上内容，如“入党申请书”“调换工作申请书”等，一般采用第二种。

(二)称谓。顶格写明接受申请书的单位、组织或有关领导。如“尊敬的校领导”。

(三)正文。正文部分是申请书的主体，首先提出要求，其次说明理由。理由要写得客观、充分，事项要写得清楚、简洁。

(四)结尾。写明惯用语“特此申请”“恳请领导帮助解决”“希望领导研究批准”等，也可用“此致”“敬礼”等礼貌用语。

(五)署名、日期。个人申请要写清申请者姓名，单位申请写明单位名称并加盖公章，注明日期。

案例评析

入党申请书

敬爱的党组织：

我志愿加入中国共产党，愿意为共产主义事业奋斗终生。我衷心地热爱党，她是中国工人阶级的先锋队，是中国各族人民利益的忠实代表，是中国社会主义事业的领导核心。中国共产党以实现共产主义的社会制度为最终目标，以马克思列宁主义、毛泽东思想、邓小平理论为行动指南，是用先进理论武装起来的党，是全心全意为人民服务的党，是有能力领导全国人民进一步走向繁荣富强的党。她始终代表中国先进生产力的发展要求，代表中国先进文化的前进方向，代表中国最广大人民的根本利益，并通过制定正确的路线方针政策，为实现国家和人民的根本利益而不懈奋斗。

从学生年代开始，一串闪光的名字——江姐、刘胡兰、雷锋、焦裕禄、孔繁森……给了我很大的启迪和教育。我发现他们以及身边许多深受我尊敬的人都有一个共同的名字——共产党员；我发现在最危急的关头总能听到一句话——共产党员跟我上。这确立了我要成为他们中的一员的决心。我把能参加这样伟大的党作为最大的光荣和自豪。

参加工作后，在组织和领导的关心和教育下，我对党有了进一步的认识。党是由工人阶级中的先进分子组成的，是工人阶级及广大劳动群众利益的忠实代表。党自成立以来，始终把代表各族人民的利益作为自己的重要责任。在党的路线、方针和政策上，集中反映和体现了全国各族人民群众的根本利益；在工作作风和工作方法上坚持走群众路线，并将群众路线作为党的根本工作路线；在党员的行动上，要求广大党员坚持人民利益高于一切，个人利益服从人民利益。

党以马列主义、毛泽东思想及邓小平理论为指导思想。《共产党宣言》发表一百多年来的历史证明，科学社会主义理论是正确的，社会主义具有强大的生命力。社会主义的本质，是解放生产力，发展生产力，消灭剥削，消除两极分化，最终达到共同富裕。毛泽东思想是以毛泽东同志为主要代表的中国共产党人，把马列主义的基本原理同中国革命的具体实践结合起来创立的。毛泽东思想是马列主义在中国的运用和发展，是被实践证明了的关于中国革命和建设的正确的理论原则和经验总结，是中国共产党集体智慧的结晶。邓小平理论是毛泽东思想在新的历史条件下的继承和发展，是当代中国的马克思主义，是指导中国人民在改革开放中胜利实现社会主义现代化的正确理论。在社会主义改革开放和现代化建设的新时期，在跨越世纪的新征途上，一定要高举邓小平理论的伟大旗帜，用邓小平理论来指导我们的整个事业和各项工作。

党是中国社会主义事业的领导核心。中国的革命实践证明没有中国共产党的领导就没有新中国，没有中国共产党的领导，中国人民就不可能摆脱受奴役的命运，成为国家的主人。在新民主主义革命中，党领导全国各族人民，在毛泽东思想指引下，经过长期的反对帝国主义、封建主义、官僚资本主义的革命斗争，取得了胜利，建立了人民民主专政的中华人民共和国。中国的建设实践证明，中国只有在中国共产党的领导下，才能走向繁荣富强。新中国成立后，我国顺利地进行了社会主义改造，完成了从新民主主义到社会主义的过渡，确立了社会主义制度，社会主义的经济、政治和文化得到了很大的发展。尽管在前进的道路上遇到过曲折，但党用她自身的力量纠正了失误，使我国进入了一个更加伟大的历史时期。十一届三中全会以来，在邓小平理论的指导下，在中国共产党的领导下，我国取得了举世瞩目的发展，生产力迅速发展，综合国力大大增强，人民生活水平大幅提高。

我国社会主义初级阶段党的基本路线是：领导和团结全国各族人民，以经济建设为中心，坚持社会主义道路、坚持人民民主专政、坚持中国共产党的领导、坚持马列主义毛泽东思想，坚持改革开放，自力更生，艰苦创业，为把我国建设成为富强、民主、文明的社会主义现代化国家而奋斗。

中国共产党党员是中国工人阶级的有共产主义觉悟的先锋战士，必须全心全意为人民服务，不惜牺牲个人的一切，为实现共产主义奋斗终生。中国共产党党员永远是劳动人民的普通一员，不得谋求任何私利和特权。在新的历史条件下，共产党员要体现时代的要求，要胸怀共产主义远大理想，带头执行党和国家现阶段的各项政策，勇于开拓，积极进取，不怕困难，不怕挫折；要诚心诚意为人民谋利益，吃苦在前，享受在后，克己奉公，多作贡献；要刻苦学习马列主义理论，增强辨别是非的能力，掌握做好本职工作的知识和本领，努力创造一流成绩；要在危急时刻挺身而出，维护国家和人民的利益，坚决同危害人民、危害社会、危害国家的行为作斗争。

我决心用自己的实际行动接受党对我的考验，我郑重地向党提出申请：我志愿加入中国共产党，拥护党的纲领，遵守党的章程，履行党员义务，执行党的决定，严守党的纪律，保守党的秘密，对党忠诚，积极工作，为共产主义奋斗终生，随时准备为党和人民牺牲一切，永不叛党。

今后会我更加努力地工作，认真学习马克思列宁主义、毛泽东思想、邓小平理论，学习党的路线、方针、政策及决议，学习党的基本知识，学习科学、文化和业务知识，努力提高为人民服务的本领。时时刻刻以马克思列宁主义、毛泽东思想、邓小理论作为自己的行动指南，用“三个忠实代表”指导自己的思想和行动。坚决拥护中国共产党，在思想上同以江泽民同志为核心的党中央保持一致，认真贯彻执行党的基本路线和各项方针、政策，带头参加改革开放和社会主义现代化建设，为经济发展和社会进步艰苦奋斗，在生产、工作、学习和社会生活中起先锋模范作用。坚持党和人民的利益高于一切，个人利益服从党和人民的利益，吃苦在前，享受在后，克己奉公，多做贡献。自觉遵守党的纪律和国家法律，严格保守党和国家的秘密，执行党的决定，服从组织分配，积极完成党的任务。维护党的团结和统一，对党忠诚老实，言行一致，坚决反对一切派别组织和小集团活动，反对阳奉阴违的两面派行为和一切阴谋诡计。切实开展批评和自我批评，勇于揭露和纠正工作中的缺点、错误，坚决同消极腐败现象作斗争。密切联系群众，向群众宣传党的主张，遇事同群众商量，及时向党反映群众的意见和要求，维护群众的正当利益。发扬社会主义新风尚，提倡共产主义道德，为了保护国家和人民的利益，在一切困难和危险的时刻挺身而出，英勇斗争，不怕牺牲。反对分裂祖国，维护祖国统一，不做侮辱祖国的事，不出卖自己的国家，不搞封建迷信的活动，自觉与一切邪教活动作斗争。只要党和人民需要，我会奉献我的一切!

我深知按党的要求，自己的差距还很大，还有许多缺点和不足，如处理问题不够成熟、政治理论水平不高等。希望党组织从严要求，以使我更快进步。我将用党员的标准严格要求自己，自觉地接受党员和群众的帮助与监督，努力克服自己的缺点，弥补不足，争取早日在思想上，进而在组织上入党。

请党组织在实践中考验我!

此致

敬礼

申请人：×××

××××年××月××日

【评析】

1. 这是一则相对规范的入党申请书，标题为内容十申请书。

2. 主送为：敬爱的党组织。

3. 正文陈述申请事项“加入中国共产党”，然后陈述入党理由：从上学到上班阐释了自己对党组织的认识及自己为加入党组织而做出的努力，理由充分。最后是申请结语。

4. 落款、日期规范。

实训课堂

假定你是建筑工地上的一名女施工员，成家后家人更希望你能够从事一些相对稳定的、不用东奔西走、风吹日晒的工作，你知道要调换工作不是一件容易的事情，为此你又兼修了资料员课程，并获取了职业资格证书，然后想想怎么向单位提出调换工作的申请，动手拟写一份申请书吧。

第十二章 经济文书写作

章节序言

经济文书是经济管理和经济活动领域经常使用，并与经济工作直接有关的专用文书。经济文书是传递经济信息、提供经济决策依据的必要途径，是实行经济活动调控职能的重要手段，是建立经济关系、加强业务联系的纽带，是日常经济活动往来的重要凭证。

经济文书分为信息交流类，如市场调查报告；经济关系类，如经济合同、协议书、责任书；商品介绍类，如商业广告、招投标启事；经济管理类，如会计凭证、审计报告等。

第一节 招标书和投标书

知识扫描

一、概念

招标是指由买方或项目建设单位发出公告，明确提出拟购商品或拟建项目的有关条件和要求，征召卖方或承包商等合作对象在指定的时间、地点，按照一定程序前来投标的一种经济行为。

招标书是买方或项目建设单位为邀请有关单位投标所编写的文字材料，其要件主要为项目内容、标准、要求、条件等。

投标是指卖方或承包商等在指定的时间和地点，按招标方在标书中所提的条件和要求，以填具招标单的形式向招标人发盘，争取中标的经济行为。

投标书是卖方或承包商等按招标书的条件和要求，向招标方开列清单，拟出方案，估算价格，表明应标能力，以求中标的文字材料。

中标是指在公证、监理机关的监督下，由招标方当场开标，确定实力最强、质量最好、价格最低、条件最优惠的投标方为中标者的活动。中标后即由中标方与招标方签订合同。

二、作用

(一)公平竞争、提高经济效益的有效手段。通过招标、投标这种公开竞争的方式，可以使项目质量得到保证，使项目成本有所降低，从而使项目的经济效益得到最大限度的提高。同时，这种方式的采用也有利于破除平均主义、推行优胜劣汰的竞争机制，有利于不同的单位甚至不同的地区、国家之间加强经济协作，实现优势互补。

(二)除不正之风、减少违法乱纪现象的有力措施。通过公开招标投标可以增加经济活动的透明度，使经济活动能在社会监督之下正常、有序地进行。

三、特点

(一)竞争性。招标文书是招标者利用投标者之间的竞争从而达到优选投标者的告知性文书；投标文书作为对招标要约的一种承诺，是投标者为了中标而按照招标者的要求，向招标者表明合作意愿并提供备选方案的说明性材料，投标书的编制和提出，就是一个比实力、比信誉、比策略的竞争过程。因此，不管是招标文书还是投标文书，都应突出其竞争性。

(二)公开性。招标、投标、开标、评标、决标、中标，直至签订中标合同等一系列环节，都是公开进行的，而且都要接受公证机关或其他有关机构的监督，招标、投标文书一经提出，便应当能够公开发布、公开审阅、公开评判。

(三)简明性。招标、投标文书对项目的有关情况，包括数量、质量、方法、步骤、时间、地点等，都必须写得既全面、具体，又简洁、明了，既不能有任何遗漏，又不能过于烦琐，另外，表述要做到直截了当、通俗易懂。

四、种类

(一)招标书的种类。不同的分类方法可以有不同的招标书种类，按时间划分，有长期招标书和短期招标书；按范围划分，有公开招标、邀请招标或协商招标书；按计价方式划分，有固定总价项目招标书、单价不变项目招标书、成本加酬金项目招标书等；按性质和内容划分，有工程项目招标书、大宗商品交易招标书、选聘人员招标书、企业承包或租赁招标书、劳务招标书、科研课题招标书、技术项目引进或转让招标书等；按作用划分，有招标申请书、招标文件、招标书、邀请函、招标公告、招标通告、招标通知书、议标书、评标(定标)结果报告、中标通知书等。

(二)投标书的种类。投标和招标是相对应的，投标文书的分类也与招标文书的分类有关。按投标方人员组成情况的不同，可分为个人投标书、合伙投标书、集体投标书、全员投标书、企业(或企业联合体)投标书等；按性质和内容的不同，可分为工程项目投标书、大宗商品交易投标书、选聘有关人员投标书、企业承包或租赁投标书、劳务投标书、科研课题投标书、技术项目引进或转让投标书等；按作用的不同，可分为投标申请书、投标书、履约保证书等。

五、程序

(一)招标。

1. 招标前的准备。招标前的准备要做好以下四个方面的工作：

(1)成立招标机构。招标机构由招标单位的领导、技术人员、业务骨干组成。其任务是组织开展招标的工作。例如，结合当前经济发展的情况和招标的宗旨(即招标的目的、要求)开展宣传工作，研究制定符合客观实际的底标，制作投标箱(投标箱一定要经国家公证处公证密封后方能启用)。

(2)制定招标章程，以确定招标宗旨，建立招标管理制度，规定招标、投标、开标方法及中标户产生的条件，统一印制投标表。

(3)讨论提出招标项目(即招标的产品)及其规格、数量、交货地点和时间。

(4)将招标产品的图纸、说明书和有关的文献、资料装订成册。

2. 招标文件。招标领导小组将招标工作准备就绪后，应立即发表招标文件。若是公开招标，则应拟《招标公告》，通过新闻媒体发出；若是邀请招标，则应用信件通过邮政渠道发出。

(二)投标。投标是招标过程中的一个重要步骤，不可缺少。投标单位应按章程做好以下具体事项：购买招标文件及有关技术资料，并填写报表。填写报表时必须具体地写清楚投标项目的名称、数量、质量、价格、交货时间、运输、包装、保证条件等内容，此外，还应叙述企业生产的基本概况。上述内容详细写明后，由单位负责人签名盖章送主管部门和开户银行审核认可并加盖公章，密封，寄招标单位或送招标单位。投标函件必须注明"投标表(密件)"的字样。投标函件必须在规定期限内投送，超过截止日期则无效。招标单位收到投标函件后，应立即投入密封的投标箱保存。

(三)开标。招标单位按规定时间(即投标截止日期后5天至10天内)邀请公证机关公证员、经济顾问、法律顾问、企业主管单位领导、投标单位的代表监督开标。首先，由到场的监督人检查标箱密封情况。若无疑点即开箱，取出投标文件。然后，由招标单位指定的评选员逐一宣读投标文件中的品名、质量、数量、投标价格，记标员逐一登记；评选小组根据实际进行评议，公证员、经济顾问、法律顾问、企业主管部门领导听取评议，按质量优良、价格优惠，实行择优录取。每个招标项目以评选3户至5户预选中标单位为度。

(四)中标。对预选中标单位，招标单位应及时发出预选中标《通知》，约定时间、地点，商洽招标项目的有关事项。预选中标单位在接到《通知》后，应按时赴会，协商有关招标事项。预选中标单位若在《通知》规定的期限内不做出反应，即视为弃权。

经过协商，招标单位对投标单位进行逐一验证、比较，以质量、价格、交货期、运输最佳者为最后中标单位，发给中标通知书，表示招标单位欣然与之合作的诚意。

对中标的单位，招标单位不再发通知书，但有义务接受落标单位的查询。

(五)签约。中标单位接到中标通知书后，应按期前往招标单位依照合同法的规定签订经济合同，以明确双方各自的权利和所承担的义务。签约双方，若有一方提出公证要求，则应申请公证机关公证。双方一经签订合同，招标投标工作即告结束。

六、写作

(一)招标书的写作。招标书包括标题、正文、落款三部分。

1. 标题。

(1)由招标单位、标的名称、事由、文种构成，如《××洗衣机厂承包招标书》。

(2)只写招标单位和文种，如《××市建筑公司招标书》。

(3)只写事由和文种，如《建筑安装工程招标书》。

(4)只写文种，如《招标书》或《招标说明书》。

2. 正文。正文通常包括导语、主体和结尾。

(1)导语：应写明招标单位的基本情况，即招标的原因、目的、依据及标的(招标项目名称)等。文字要求准确、精练。

(2)主体：是写入招标书的核心内容的部分。由于招标书的性质和内容不同，其写法也不尽相同，但一般须写入以下事项：标的概况、招标范围、投标方法、投标程序、投标资格、质量及技术要求、合同规则、权利义务、保证条件、支付办法及招标的起止时间、开标的时间和地点等。除文字说明外，还可配以图表说明。内容应力求详尽、具体，表述应力求规范、明确。

(3)结尾：应写明招标者的联系地址、电话、邮编、电传、电挂和联系人等。

如果是国际招标项目，还应将招标书翻译成外文，并写明国别、付款方式及用何种货币付款等。

3. 落款。写明招标单位的名称(全称)、法人代表和签署日期。这些内容如在封面或正文部分已写明，落款可以从略。

为使正文更加简洁、顺畅，常常要把说明项目内容的材料，如工期一览表、设计和勘探资料及其他有关文件等附在招标书的后面。这些材料可以看作招标书的一部分，也可作为其他招标文书另发。

(二)投标书的写作。投标书通常由标题、主送单位、正文、落款、附件几个部分组成。

1. 标题。投标书的标题有以下几种形式：

(1)由投标单位、投标项目和文种构成，如《××(单位)承包××洗衣机厂的投标书》。

(2)只写明项目和文种，如《××工程项目投标书》。

(3)只写投标单位和文种，如《××公司投标书》。

(4)只写文种，如《投标书》《投标说明书》等。

2. 主送单位。主送单位，即招标单位的名称，写在正文第一行顶格处，应署全称，如“××立交桥兴建工程招标办公室”。

3. 正文。

(1)导语：说明投标的依据、目的和指导思想以及投标人在这次竞争中的态度。具有统揽全篇的作用。

(2)主体：是投标书的核心，应根据招标书提出的目标、要求，具体介绍投标者现状，明确投标期限及投标形式，拟定标的，提供依据，阐明达到目标的办法和措施等。要如实填写标单，力求内容详尽，论证严密。有的投标方为了能顺利中标，还附上投标附件，对有关标价、承包(租赁、合作)形式、工期、质量、服务以及企业的级别、技术力量、设备状况、安全措施和业绩等做出翔实的说明。

4. 落款。应当写明投标单位、地址、邮编、电挂、电话、电传和联系人、法人代表，签署日期，加盖公章。有的还要由上级业务主管部门和公证监督机关签名盖章。

如果是国际投标，则应将投标书译成外文，写明国别、付款方式及以何种货币付款等。

5. 附件。如有必要，还应附上担保单位的担保书，有关图纸、表格等。

案例评析

【案例一】

建筑安装工程招标书

为了提高建筑安装工程的建设速度，提高经济效益，经________(建设主管部门)批准，________(建设单位)对________建筑安装工程的全部工程(或单位工程、专业工程)进行公开招标。

一、招标工程的准备条件

本工程已经具备以下招标条件：

1. 本工程已列入国家(或音外委、省、市、自治区)年度计划。

2. 已有经国家批准的设计单位的施工图和概算。

3. 建设用地已经征用，障碍物全部拆迁，现场施工的水、电、道路和通讯条件已经落实。

4. 资金、材料、设备分配计划和协作配套条件均已分别落实，能够保证供应，使拟建工程能在预定的建设工期内连续施工。

5. 已有当地建设部门颁发的建筑许可证。

6. 本工程的标底已报建设主管部门和建设银行复核。

二、工程内容、范围、工程量、工期、地质勘察单位和工程设计单位

____

____

____

____

(此项也可用表格形式)

三、工程质量等级、技术要求、对工程材料和投标单位的特殊要求、工程验收标准

____

____

____

____

四、工程供料方式和主要材料价格，工程价款结算办法

____

____

____

____

五、组织投标人进行工程现场勘察、说明，招标文件交底的时间、地点

____

____

____

____

六、报名、投标日期、招标文件发送方式

报名日期：19____年____月____日。

投标期限：19____年____月____日起至19____年____月____日止。

招标文件发送方式：____。

七、开标、评标时间及方式，中标依据和通知

开标时间：19____年____月____日(发出招标文件至开标日期，一般不超过两个月)。

评标结束时间：19____年____月____日(从开标之日起至评标结束，一般不超过一个月)。

开标、评标方式：建设单位邀请建设主管部门、建设银行和公证处参加公开开标并审查证书，采取集体评议方式进行评标、定标工作。

中标依据及通知：本工程评定中标单位的依据是工程质量优良、工期适当、价格合理、社会信誉好，最低标价的投标单位不一定中标。所有投标企业的标价都高于标底时，如属标底计算错误，应按实予以调整；如标底无误，通过评价剔除不合理的部分，确定合理标价和中标企业。评定结束后五日内，招标单位通过邮寄(或专人送达)方式将中标通知书送发给中标单位，并在一个月内与中标单位签订____________建筑安装工程承包合同。

八、其他

本招标方承诺，本招标书一经发出，不得改变原定招标文件内容，否则，将赔偿由此给投标者造成的损失。投标者按招标文件的要求，自费参加投标准备工作和投标，投标书应按规定格式填写，字迹要清楚，并加盖单位和代表人的印鉴。投标书必须密封，不得逾期寄达。投标书一经发出，不得以任何理由要求取回或更改。

在招标过程中发生争议，如双方自行协商不成，由负责招标管理工作的部门调解仲裁，

对仲裁不服，可诉诸法院。

建设单位(即招标单位)：______________(盖章)

地　　址：____________

联 系 人：____________

电　　话：____________

电报挂号：____________

邮政编码：____________

19____年____月____日

【评析】 该招标书的标题采用项目加文种的形式，正文采用导语加条文的形式，每一条都标有序码，结构清楚，一目了然。正文内容十分全面，投标人参加投标的应知事项(如招标的项目、方式、程序、要求等)一应俱全。落款一项写明招标单位的名称、地址、电话、电挂以及联系人和联系方法，便于投标者报送投标书。招标书仅起邀请投标人参加投标的作用，所列条件是比较原则性的，不可能也没必要将各种情况和盘托出，逐一说明，如果具体条件非常复杂，可另用招标文件说明。

【案例二】

新建铁路大同至秦皇岛线、茶坞至大石庄线投标书

××市铁路局：

我公司详细地研究了招标文件，进行了周密的现场勘察，做出了符合工期要求的施工安排，愿意以总包方式承担全部工程的施工任务。经报请上级主管部门同意并取得了投标保证书(见附件一)。

按招标文件规定的工程内容，经详细计算填报了报价单，总报价为人民币(大写)____________元(详见报价单)。其他有关的技术组织措施及必要的文字说明已按要求填写如附件。

如能中标，我公司保证及时签订并认真执行合同，保证于××××年××月××日前进点开工，于××××年××月××日竣工。

投标单位：(盖章)

负责人：(盖章)

地址：

电话：

××××年××月××日

投标书附件清单：

标附一：投标保证书(略)

标附二：报价单(略)

标附三：主要工程的施工方法、施工顺序和总施工进度安排(略)

标附四：施工中保证工程质量的主要措施(略)

标附五：本工程跨越公路施工时采取的措施(略)

标附六：跨越京秦铁路的特大桥施工时对行车及施工安全的具体措施(略)

标附七；重载路基施工的具体措施(略)

标附八：国拨钢材、木材、水泥的总需量估算及垫用能力(略)

标附九：主要临时工程的项目、数量及需要租用土地的数量(略)

标附十：投标单位认为必要的其他文字说明(略)

【评析】 这份投标书共由三大部分组成：一是标书封面，写明投标项目、文种、时间和投标单位几项内容；二是投标书的正文，以投标函件的形式书写；三是投标书的附件清单。其中正文包括主送单位、投标意向、资格介绍以及工程报价、履约保证等内容。本标书采用文字加报表的形式编写，文字部分重在表态；报表部分重点是对投标条件的说明和对投标要求的回复，所有报表均以附件的形式附在正文的后面。投标书的落款是投标单位的名称、地址、负责人姓名和联系电话，最后是发文时间、印章。投标书写好密封后应直接送寄招标单位，一经送达，便不能更改。如果书写有误或不够清楚，就有可能被视为废标。因此，投标单位一定要谨慎对待，不可掉以轻心。

实训课堂

请利用假期社会实践的机会亲自参与一次招投标工作，重点熟悉招投标工作流程。

中标通知书

______________________：

__________公司__________项目于　　年　　月　　日公开招标。按照国家法律、法规和招标文件的规定，经过评标委员会公平、公正的评议，确定你单位中标。

标书编号：______________

中标项目：______________

中标价格：______________

请你单位接此通知后，按照招、投标文件的约定尽快与__________(招标单位)签订合同。

__________公司

招标投标办公室

年　　月　　日

第二节　经济合同

知识扫描

一、概念

《中华人民共和国合同法》中指出，“合同是平等主体的自然人、法人、其他组织之间设立、变通、终止民事权利义务关系的协议”，而经济合同则是双方或多方当事人为了实现一定的经济目的通过平等协商，明确相互权利与义务而共同订立的一种具有经济关系的协议，是当事人表示见解一致的法律行为。“合同”这个概念，来源已久。西晋泰始九年(公元273年)的《翟美女买棺约》书契，记载了时间、当事人姓名、交易物名称、数量、价格、纠纷处理办法及买卖旁证人，是一篇较完备的经济契约。而契约的上端写了“同”字的右半边，可见还有一份内容一致的“同”字的左半边，左右合起来形成一个“同”字(见于成绵主编《现代应用文》)。这种方法，早在战国时期的《冯谖客孟尝君》就记载了冯谖载券契之薛，收债，“使吏召诸民当偿者，悉来合券”，说明了契约有两份。“合券”就是校对核实。而各持半边“同”字，就是辨别真伪的一种形式。可见“合同”这个概念，在经济关系中的运用由来已久。随着商品经济的迅猛发展，经济合同也日趋完备，并受到国家法律的保护。对于合同，必须明确以下四点：

(一)合同有明确的经济目的，是当事人双方共同协商订立的、必须遵循的条款，其内容由当事人约定。一般包括的条款有：

1. 当事人的名称或者姓名和住所。
2. 标的。
3. 数量。
4. 质量。
5. 价款或者报酬。
6. 履行期限、地点、方式。
7. 违约责任。
8. 解决争议的方法。

除以上必备的通用条款外，还可根据实际情况，加上一些专用条款或特约条款。具备上述条款，当事人才能实现各自的经济目的。

(二)合同是当事人依法通过协商明确相互权利与义务的一种法律行为。因此，当事人协议合同内容必须符合法律、法令和有关规定，任何违反法律、法令、规定的合同，或采取欺诈、胁迫等手段签订的合同，或超越代理人权限所签订的合同，或以被代理人的名义同自己或同自己所代理的其他人签订的合同，都是无效的合同。若是国家明文冻结的财产、禁止买卖的产品，如毒品、淫秽书刊、走私物品、盗卖文物等合同，更是违法的，不但无效，而且要追究当事人的刑事责任。

(三)合同是具有明确的相互权利与义务的协议，因此，订立合同必须是平等、互利、协商一致的。当事人任何一方不得把自己的意志强加给对方，任何单位与个人不得干预。当事人的法律地位都是平等的，都有权维护自己的利益，有充分表达自己的意愿的自由，任何一方都不允许当事人违背自己的意愿订立合同。因此，当事人双方在维护各自经济利益的前提下，应本着互相合作、互惠互利的原则，通过友好协商，要约和承诺来达成协商一致，而要约与承诺是相互的，完全可以摆在桌面上讨价还价。

(四)合同是以书面形式发布的，当事人交易的内容，相互权利与义务，只有通过书面形式肯定下来，才具有法律效力。如果没有书面记录，单凭口头上“君子协议”，一旦发生纠纷，就失去了可靠的凭证，难以做出合理的处理。当然，在履约过程中，当事人互相往来的信函、电传、传真也是合同的组成部分，也具有同等的法律效用。

二、种类

经济合同是在经济领域中所签订的合同。按内容划分，有涉外经济合同、非涉外经济合同(即国内的各类经济合同)、中外合资经营企业等合同。按形式划分，有条款式合同、表格式合同、条款表格式合同等。

按照《中华人民共和国合同法》的规定我国的合同有以下 15 种：

(一)买卖合同。买卖合同又称购销合同，是出卖方向买受方转移标的物的所有权，买受方支付价款时使用的合同。

(二)供用电、水、气、热力合同。供用电(水、气、热力)合同是供电(水、气、热力)方向用电(水、气、热力)方供电(水、气、热力)，用电(水、气、热力)方向供电(水、气、热力)方支付费用时使用的合同。

(三)赠与合同。赠与合同是赠与人将自己的财产无偿给予受赠人，受赠人表示接受赠与时使用的合同。

(四)借款合同。借款合同是借款人向贷款人借款，到期返还借款并支付利息时使用的合同。

(五)租赁合同。租赁合同是出租人将租赁物交付承租人使用、受益，承租人支付租金时使用的合同。

(六)融资租赁合同。融资租赁合同是出租人根据承租人对出卖人、租赁物的选择，向出卖人购买租赁物，提供给承租人使用，承租人支付租金时使用的合同。

(七)承揽合同。承揽合同是承揽人按照定作人的要求，完成一定的工作，交付工作成果，定作人给付报酬时使用的合同。

(八)建设工程合同。建设工程合同是承包人进行工程建设，发包人支付价款时使用的合同。建设工程合同包括工程勘察、设计、施工合同。

（九）运输合同。运输合同是承运人将旅客或者货物从起运地点运输至约定地点，旅客、托运人或者收货人支付票款或者运输费用时使用的合同。运输合同包括客运合同、货运合同、多式联运合同。

（十）技术合同。技术合同是当事人就技术开发、转让、咨询或者服务等事项订立的明确相互之间权利和义务关系的合同。技术合同主要包括技术开发合同、技术转让合同以及技术咨询合同和技术服务合同。

（十一）保管合同。保管合同是保管人保管寄存人交付的保管物，并返还该物，寄存人按照约定向保管人支付保管费时使用的合同。

（十二）仓储合同。仓储合同是保管人储存存货人交付的仓储物，存货人支付仓储费时使用的合同。

（十三）委托合同。委托合同是委托人和受托人约定，由受托人在受托权限范围内处理委托人的委托事务时使用的合同。委托人应当预付处理委托事务的费用，受托人为处理委托事务垫付的必要费用，委托人应当偿还该费用及其利息。

（十四）行纪合同。行纪合同是行纪人以自己的名义为委托人从事贸易活动，委托人支付报酬时使用的合同。

（十五）居间合同。居间合同是居间人向委托人报告订立合同的机会或者提供订立合同的媒介服务，委托人支付报酬时使用的合同。

三、写作

（一）合同首部。

1. 合同的标题。标题由两部分组成，即内容或性质加上文种，如《订货合同》《来料加工合同》《××商品经销协议》《抚养遗赠协议书》等。

2. 合同编号：如“合字第××号”。

3. 签订地点：如“××市××会议厅”。

4. 签订时间：写明×年×月×日。

5. 当事人的名称或者姓名和住所。单位名称要写全称，后加圆括号，分别写：“以下简称甲方、乙方”。如属中间商，还必须写明实际买主的姓名。以上 2、3、4、5 条款的排列，有两种方式：一种是在标题下排成两竖行，第 5 款当事人摆在左边，2、3、4 款排在右边；另一种是在标题下排成一竖行，其次序是：合同编号、项目名称、双方当事人、签约地点、签约时间。

6. 合同序言。用一两句话，简要概述签订合同的依据和目的，如“依据×月×日去电，××公司（以下简称甲方）向××公司（以下简称乙方）就××项目××技术转让事宜，经双方共同协商达成一致意见”，以“现制定合同如下”作过渡。

（二）合同正文。这是合同的核心部分，以条款式或表格式写明当事人双方所协商的合同内容。这部分必须依据法律规定，按经济合同必须具备的条款安排写作。

1. 标的（指货物、劳务、技术、工程项目等）。标的，指的是当事人权利与义务共同指向的对象。如购销合同指的是货物，货物运输合同指的是劳务，建筑工程承包合同指的是工程项目，借款合同指的是货币。标的是签订经济合同的前提，标的不明确，合同也就无法履行，因此，也就不能成立。

2. 数量质量。标的数量的多寡，关系到当事人权利与义务的大小。数量是计量单位的数目，要具体明确，有的商品应规定合理的磅差。标的的质量，是产品内在本质和外在形态的统一体。产品质量检验、检疫，应按国务院批准的有关规定的标准，如果没有规定的产品质检标准，就由双方当事人协商确定。

3. 价款或者报酬。这是合同标的物的价格，由当事人协商议定，但须标出单价、总价、币种、支付方式、逾期交货、逾期提货、预期付款时间，遇到物价波动的结算方式，酬金的支付及程序等。

4. 履行的期限、地点、方式。

(1)履行期限。指的是交货交付及完成劳务的日期，这是当事人经济利益之所在。

(2)履行地点。指的是交货完成劳务的地点，直接影响到履行合同的费用和时间。

(3)履行方式。指的是以什么方式交货或完成劳务，履约方是一次还是分数次完成，是当事人亲自完成还是委托他人完成，这些必须在合同中明确写出。

(4)违约责任。当事人不履行合同或不恰当地履行合同，均属违约，都要承担违约责任。违约责任是以罚款或赔偿来体现的。主要目的是督促当事人恪守信义，保证合同的实现，这是保证当事人的经济利益，是经济合同中不可或缺的重要条款。

(三)合同尾部。这一部分要写明两方面的内容。

1. 合同的必要说明。

(1)合同中未尽事宜的处理办法。

(2)合同的有效期限。

(3)合同的份数和保存方式。

2. 合同的签署。

(1)双方或多方当事人单位名称、法人代表、印章。

(2)中介人、担保人单位名称、姓名、印章。

(3)委托代理人单位名称、姓名、印章。

(4)当事人地址、电话、电传、邮编、开户银行、账号等。

四、要求

经济合同是当事人履行权利与义务的依据。在履行过程中，一旦发生纠纷，它又是仲裁调解、司法判决的主要依据。撰写合同必须严肃认真地对待、周密细致地思考，使合同无懈可击。为此，要求做到下列几点。

(一)目的要明确，态度要端正。写作经济合同，要以《中华人民共和国合同法》为准则，做一个正正派派的当事人，不得利用合同从事各种违法违纪活动，扰乱经济秩序，损害国家安全，坑害人民利益，牟取非法收入。

(二)各项条款要全面、周详、具体、明确。要熟悉业务，根据业务要求，签订的条款要考虑全面，并逐条加以落实。具体、明确，指的是各条款的内容要依照业务的要求，明确地表达出来，不能模棱两可，不能有疏漏。

(三)措辞用语要准确、严密。文字表达不能含混不清，用词造句，不能有歧义。如合同包装条款中的“适合海运包装”“习惯包装”“卖方惯用包装”“通常方式包装”“适用”“习惯”“惯用”“通常”等不确字眼，容易产生歧义。数量条款中的“每期大约交××箱”“约占总数的×%”，这里的“大约”“约”等不定量词也因为不确切而不能用。装运条款中的“这批约在 3/4 月装运”，这里含混不清的是 3 月初还是 4 月底，相差近两个月。

(四)要有严密的逻辑性。合同要有逻辑性，各条款之间不能有矛盾，否则就容易产生纠纷。如商品的质量，写了该商品的品质、规格之后又写上了“所交货物与寄出样品相似”，这里究竟是以“品质”“规格”为标准，还是以“样品”为标准？在同一份合同中，就显得自相矛盾，缺乏逻辑。

案例评析

建筑安装工程承包合同

工程名称：×××××　　　　　　合同编号：×××××

工程编号：×××××　　　　　　签订地点：×××××

发包方：×××××　　　　　　　签订时间：××××年××月××日

承包方：×××××

根据《中华人民共和国合同法》和《建筑安装工程承包合同条例》及有关规定，为明确双方在施工过程中的权利、义务和经济责任，经双方协商同意签订本合同。

第一条　工程项目

一、工程名称：××××

二、工程地点：××××

三、工程项目批准单位：××××

批准文号：(指此工程立项有权批准机关的文号)

项目主管单位：××××

四、承包范围和内容：(详见工程项目一览表)；工程建筑面积××××(平方米)；其他：××××。

五、工程造价：×××万元，其中土建××万元，安装××万元。

第二条　施工准备

一、发包方

(一)××××年××月××日前做好建筑红外线的“三通”，负责红线外进场道路的维修。

(二)××××年××月××日前，负责接通施工现场总的施工用水源、电源、变压器(包括水表、配电板)，应满足施工用水、用电量的需要。做好红线以内场地平整，拆迁清除全部障碍物(包括架空的、隐蔽的)，并提供有关隐蔽障碍物的资料。

(三)本合同签订后×天内提交建筑许可证。

(四)本合同签订后×天内(以收签最后一张图纸为准)提供完整的建筑安装施工图×份，施工技术资料(包括地质及水准点坐标控制点)×份。

(五)组织承、发包双方和设计单位以及有关部门参加施工图交底会审，并做好三方签署的交底会审纪要，在×天内分送有关单位，×天内提供会审纪要和修改方案施工图×份。

二、承包方

(一)负责施工区域的临时道路、临时设施、水电管线的铺设、管理、使用和维修工作。

(二)组织施工管理人员和材料、施工机械进场。

(三)编制施工组织设计或施工方案、施工预算、施工总进度计划，材料设备、成品、半成品等进场计划(包括月计划)，用水、用电计划，送发包方。

第三条　施工期限

一、根据国家工期定额和施工需要，商定工程总工期为×××天(日历天)，自××××年××月××日开工至××××年××月××日竣工验收(附各单位工程开竣工日期，见附表一)。

二、开工前××天，承包方向发包方发出开工通知书。

三、如遇下列情况，经发包方现场代表签证后，工期相应延长：

(一)按施工准备规定，不能提供施工场地，水源、电源、道路未能接通，障碍物未能清除，影响进场施工。

(二)凡发包方负责供应的材料、设备、成品或半成品未能保证施工需要或因交验时发现缺陷需要修、配、代、换而影响进度。

(三)不属包干系数范围内的重大设计变更，提供的工程地质资料不准，致使施工设计方案改变或由于施工无法进行的原因而影响进度。

(四)在施工中，如因停电、停水 8 小时以上或连续间歇性停水、停电 3 天以上(每次连续 4 小时以上)，影响正常施工。

(五)非承包方原因监理签证不及时而影响下一道工序施工。

(六)未按合同规定拨付预付款、工程进度款或代购材料差价款而影响施工。

(七)人力不可抗拒的因素而延误工期。

第四条　工程质量

一、本工程质量经双方研究要达到：……

二、承包方必须严格按照施工图纸、说明文件和国家颁发的建筑工程规范、规程和标准施工，并接受发包方派驻代表的监督。

三、承包方在施工过程中必须遵守下列规定：

(一)由承包方提供的主要原材料、设备、构配件、半成品必须按有关规定提供质量合格证，或经检验合格后方可用于工程。

(二)由发包方提供的主要原材料、设备、构配件、半成品也必须有质量合格证，方可用于工程。对材料改变或代用必须经原设计单位同意，并发正式书面通知和发包方派驻代表签证后，方可用于工程。

(三)隐蔽工程必须经发包方派驻代表检查、验收签章后，方可进行下一道工序。

(四)承包方应按质量检评标准对工程进行分项、分布和单位工程质量进行评定，并及时将单位工程质量评定结果送发包方和质量监督站。单位工程结构完工时，应会同发包方、质量监督站进行结构中间验收。

(五)承包方在施工中发生质量事故，应及时报告发包方派驻代表和当地建筑工程质量监督站。一般质量事故的处理结果应送发包方和质量监督站备案；重大质量事故的处理方案，应经设计单位、质量监督站、发包方等单位共同研究，并经设计建设单位签证后实施。

(六)工程竣工后，承包方按规定对工程实施保修，保修时间自通过竣工验收之日算起。

第五条　建筑材料、设备的供应、验收和差价处理

一、由发包方供应下列材料、设备的实物和指标(详见附表)。

二、除发包方供应以外的其他村料、设备由承包方采购。

三、发包方供应、承包方采购的材料、设备必须附有产品合格证才能用于工程，任何一方认为对方提供的材料需要复验的，应允许复验。经复验符合质量要求的方可用于工程，其复验费由要求复验方承担；不符合质量要求的，应按有关规定处理，其复验费由提供材料、设备方承担。

四、本工程材料和设备差价的处理办法：……

第六条　工程价款的支付与结算

工程价款的支付与结算，应按中国人民建设银行制定的《基本建设工程价款结算办法》执行。

一、本合同签订后×日内，发包方支付不少于合同总价(或当年投资额)的×%备料款，计人民币×××万元；临时设施费，按土建工程合同总造价的×%计算，计人民币×××万元；安装工程按人工费的×%计算，计人民币×××万元；材料设备差价×××万元，分×次支付，每次支付时间、金额……

二、发包方收到承包方的工程进度月报后，必须在×日内按核实的工程进度文件进度

款。工程进度款支付达到合同总价的×%时，开始按规定比例逐步扣回备料款。

三、工程价款支付达到合同总价款的×%时，不再接进度付款，办完交工验收后，待保修期满连本息(财政拨款不计息)一次支付给承包方。

四、如发包方拖欠工程进度款或尾款，应向承包方支付拖欠金额每日万分之×的违约金。

五、确因发包方拖欠施工款、代购材料价差款而影响工程进度，造成承包方的停、窝工损失的，应由发包方承担。

六、本合同造价结算方式：……

七、承包方在单项工程竣工验收后×天应将竣工结算文件送交发包方和经办银行审查，发包方在接到结算文件×天内审查完毕，如到期未提出书面异议，承包方可请求经办银行审定后拨款。

第七条　施工与设计改变

一、发包方交付的设计图纸、说明和有关技术资料，系施工的有效依据，开工前由发包方组织会审做出会审纪要，作为施工的补充依据，承、发包双方均不得擅自修改。

二、施工中如发现设计有错误或严重不合理的地方，承包方应及时以书面形式通知发包方，由发包方及时会同设计等有关单位研究确定修改意见或改变设计文件，承包方按修改和变更的设计文件进行施工。若发生增加费用(包括返工损失、停工、窝工、人员或机械设备调迁、材料和构件积压的实际损失)由发包方负责，并调整合同造价。

三、承包方在保证工程质量和不降低标准的前提下，提出修改设计、修改工艺的合理化建议，经发包方、设计单位或有关技术部门同意后实施，其节约的价值按国家的规定分配。

四、发包方如需变更设计，必须由原设计单位做出正式修改通知书和修改图纸，承包方才予实施。重大修改或增加造价时，必须另行协商，在取得投资落实证明，技术资料设计图纸齐全时，承包方才予实施。

第八条　工程验收

一、竣工工程验收，以国家颁发的《关于基本建设项目竣工验收暂行规定》《工程施工及验收规范》《建筑安装工程质量检验评定标准》和国务院有关部门制定的竣工验收规定、施工图纸及说明书等施工技术文件为依据。

二、工程施工中，地下工程、结构工程必须具有隐蔽验收签证、试压、试水、抗震等记录。工程竣工质量经当地质量监督部门检验合格后，发包方须及时办理验收签证手续。

三、工程竣工检验后，发包方方可使用。

在规定的保修期内，凡因施工造成的质量事故和质量缺陷应由承包方无偿保修。其保修条件、范围和期限按城乡建设环保部(××)城建字××号通知印发的《建筑工程保修办法》执行。

第九条　违约责任

承包方的责任：

一、工程质量不符合合同规定的，负责无偿修理或返工。由于修理或返工造成逾期交付的，偿付逾期违约金。

二、工程不能按合同规定的工期交付使用的，按合同中第九条关于建设工期提前或拖后的奖罚规定，偿付逾期罚款。

发包方的责任：

一、未能按合同的规定履行自己应负的责任，除竣工日期得以顺延外，还应赔偿承包方由此造成的实际损失。

二、工程中途停建、缓建或由于设计变更、设计错误造成的返工，应采取措施弥补以减少损失。同时，赔偿承包方由此造成的停工、窝工、返工、倒运、人员和机械设备调迁、材料和构件积压的实际损失。

三、工程未经验收，发包方提前使用或擅自动用，由此而发生的质量或其他问题，由发包方承担责任。

四、承包方验收通知书送达×日后不进行验收的，按规定偿付逾期违约金。

五、不按合同规定拨付工程款，按银行有关逾期付款办法规定的延付金额每日万分之×偿付承包方赔偿金。

第十条　纠纷解决办法

任何一方违反合同规定，双方协商不成，按以下方式解决：

一、向合同仲裁机关申请仲裁。

二、向人民法院起诉。

第十一条　附则

一、本合同一式×份，合同附件×份。承包方和发包方各执正本一份，其余副本由发包方报送经办银行、当地工商管理机关、建设主管部门备案，并送建筑物所在地的公证部门办理公(鉴)证。

二、本合同经双方代表签字之日起生效，工程竣工验收、结清工程款之后终止。

三、本合同签订之后，承、发包双方如需提出修改时，经双方协商一致后，可以签订补充协议。

发包方：××××(章)	承包方：××××(章)
法定代表人：×××(章)	法定代表人：×××(章)
委托代理人：×××(章)	委托代理人：×××(章)
单位地址：×××××	单位地址：××××××
开户银行：××××××	开户银行：××××××
账号：×××××××	账号：×××××××

电话：××××　　　　　　　　　　电话：××××

邮编：××××××　　　　　　　　邮编：××××××

经办建设银行(章)

建筑管理部门(章)

鉴(公)证机关(章)

××××年××月××日

附表一：工程项目一览表(略)

附表二：发包方负责供应的设备和材料表

【评析】 这是一则建筑安装工程承包合同，标题由性质＋文种构成，首部信息包括合同双方基本信息及合同序言(第一条以前)；合同的正文围绕标的——建筑安装工程描述了工程项目、施工准备、施工期限、工程质量等十个约定条款；合同的尾部是对合同的说明和合同的签署。行文措辞准确、格式规范、条分缕析，是一篇标准的经济类合同范文。

实训课堂

根据所学知识两人一组(甲乙双方)拟写一份《房屋租赁合同》。

第三节　市场调查(预测)报告

知识扫描

一、市场调查报告

市场调查报告是运用科学方法，有目的、有计划地对市场情况进行调查收集和分析研究的经济文书。市场情况包括供与求、产与销两方面现状、变化和发展趋势，一是产品及其类别、销售环境、需求量、市场价格、流通渠道、竞争结构等；二是消费者对商品的需求欲望、购买动机、要求和意见。

市场调查报告对企业生产营销起着分析市场、提供信息、帮助决策作用；对流通部门起着促进销售的作用；对消费者起着指导消费、从优选购的作用；对领导部门起着掌握市场动态、把握全局，以便加强宏观调控的作用。

(一)内容。

1. 关于用户(消费者)情况的调查，包括现有用户数、构成、分布；用户经济状况、购买力；用户购买动机、消费习惯和心理；用户购买次数、数量、时间和地点；用户对企业评价等。

2. 关于产品情况的调查，包括产品的质量、性能、规格、价格、外观、包装、商标、使用方法和技术服务，产品的使用状况、用户满意度，产品在市场上的地位、竞争情况、库存等。

3. 关于销售情况的调查，包括商品在市场的销售状况、销售能力和潜力、销售环节和利润、渠道，开辟新的销售渠道的可能性，仓储和运输情况，广告情况(广告信息、媒介、效果、费用等)，销售人员素质、组建、分布、培训、考核和报酬等。

4. 关于市场情况的调查，包括市场对企业产品的总需求量和潜在需求量，产品在同行市场占有率，市场的销售指数、发展趋势，竞争对手情况，国内、国际市场拓展开创情况。调查方法常采用观察法、询问法、实验法。写作要求客观真实、典型合理、清楚简练。

(二)结构。

1. 标题。项目十文种正文。

2. 前言。简要写出调查的时间、地点、对象、目的、范围、方法等。

3. 主体。一般由情况和问题、分析和预测、建议或对策构成。

4. 结尾。落款、署名和日期。

二、市场预测报告

市场预测报告是以经济理论为指导，运用科学方法，对市场供销发展变化趋势及其规律，进行分析、研究和预测后，推测市场未来情况的经济文书。内容包括对市场商品需求的预测，对商品资源发展趋势的预测，对市场商品价格变化的预测，对消费结构和消费者心理及其变化的预测，对企业经济效益的预测。基本原则要注意系统性、客观性、连贯性、实效性。预测报告应具有预见性、科学性、时效性的特点。

调查报告与预测报告的异同：都是以市场调查所获得的信息为基础，为市场决策、生产经营调整服务，调查报告中也有预测，预测报告的前提也是调查。不同之处是调查报告侧重市场现状，介绍情况；预测报告侧重市场未来，发展趋势，写作难度更大。

(一)分类。

1. 按范围分，有全国性的、区域性的。

2. 按内容分，有社会需求、价格变动、市场占有率、资源资金等。

3. 按时限分，有短期(一年内)、中期(1～5年)、长远(5年以上)。

4. 按方法分，有定量和定性预测报告，定量主要采用数字图表，定性用文字分析。

(二)结构。市场预测报告主要由标题和正文构成。

标题一般由预测的范围、时限、对象加文种构成，如《××县2008年电动车销售趋势预测报告》。也可拟新闻式双标题。

正文开头可写一个“前言“，简要介绍预测时间、对象、范围、目的和结果；主体包括现状、预测和建议三部分。现状包括产销情况、同行业经营情况、购买心理和支付能力、本企业生产能力和技术设备等。预测是核心部分，应对所调查的材料、数据进行科学分析，去假存真，去粗取精，分析判断有根有据，预计、推测合乎事物发展逻辑，符合市场发展规律。建议是为了正确决策的依据，要符合客观事实，切实可行，不能好高骛远。

写好市场预测报告要加强市场理论学习，懂经济、社会和心理学等，要深入调查，广泛收集信息，要突出重点，把握关键。

案例评析

摩托车在迅速发展　道路环境亟待改善
——1994 年国内摩托车市场供求预测

（国家信息中心经济预测部）

一、1993 年摩托车市场分析

1993 年 1～8 月我国摩托车市场是继 1991 年市场产销两旺后的又一繁荣时期。1～8 月全国摩托车生产 208 万辆，已高出历史最好生产年份 1992 年年产量 198 万辆的水平。摩托车产销率达到 96%，其中国内商业摩托车销售 64.7 万辆，增长速度堪称同期历史水平中的最高值。市场具体状况如下：

我国原定于 1993 年 3 月“复关”。在这之前消费者及诸多商业经销企业对“复关”之后市场环境缺乏统一正确的认识，几乎一致认为“复关”后的摩托车市场进口商品必定增多，质量提高的同时价格下降。基于这种心态，许多摩托车购买者持币待购。进入 3 月，“复关”无望已成为现实，经销企业及消费者纷纷开始购买摩托车，加之广东、上海等地政府对摩托车管理的放宽，摩托车市场开始逐步复苏，销势重又见旺。全年的摩托车社会保有量有望达到 1 100 万辆左右。即使如此，折合百户拥有量仅 3.1 辆（千人保有量 9.2 辆，只相当于韩国 1980 年的普及率）。百户居民 3.1 辆的拥有水平，还未步入产品的成长阶段。因此，摩托车在中国仍然具有很大的市场可拓性。

据对历年摩托车生产变化的周期性波动分析，国家的宏观经济形势对摩托车生产具有很大的正向影响。历次工业生产高速发展的年份是摩托车生产形势大好之际。1993 年前 7 个月，摩托车工业在工业生产高速发展的环境中产量突破 200 万辆大关。7 月开始，国家已调整工业生产发展速度，使其稳步继续发展。以此推断，摩托车工业生产速度会因此在调整中减缓，但与去年相比，增势仍在。

二、摩托车市场预测

（一）摩托车市场环境因素分析

从我国摩托车市场 10 多年的运行规律看，国民经济的发展，尤其是工业生产的增长速度的涨落直接影响摩托车的生产。1984 年、1985 年国民经济迅猛发展，工业生产增长幅度两年都在 15% 以上，给摩托车工业创造了一个良好的发展环境，两年之中产量由 1983 年的 28.6 万辆跃升至 1985 年的 103.46 万辆，年均增长 90%，形成我国摩托车工业发展史上第一个生产高峰年。1988 年、1992 年国民经济高速发展，国民生产总值两年的增幅均在10%以上，工业生产增幅均在20%以上，同样也是摩托车生产扩规模、上产量的年份。

在我国，摩托车消费与汽车的消费存在着较大的差别，摩托车市场发育有其独特之处。与汽车不同，摩托车在我国是属于非生产性商品，不属于国家限定范围内的控办商品，是多集中在消费领域供居民生活消费的产品。据调查，在我国800万辆摩托车的社会保有量中，私人拥有量占到四分之三。因此，居民生活水平的提高，货币收入水平的增加，是决定摩托车市场繁荣的关键性问题。居民人均货币收入水平和摩托车千人保有率的相关系数为0.97，这表明居民人均货币收入水平的变化直接影响摩托车市场销售的疲与旺。

中国幅员辽阔，各地区的地理状况及运输结构均不相同，摩托车工业的发展、市场的发育与公路交通事业的发展息息相关。在我国普遍存在着这样一对矛盾，地域辽阔、公路路面负载量不高的西北、西南、中南地区，居民购买力相对较弱，而华东、华北、东北的一些人口密集、经济发达地区，居民购买力很强，但又受到公路负荷超载、交通道路管制等多重限制，使得许多购买力不能即期实现。比如，上海是个摩托车控制很严的地区，领取摩托车牌照非常困难，一个牌照黑市可以炒到17 000元以上。但是，随着浦东开发区的发展，浦南的建设，地方政策将50 mL摩托车纳入自行车的管理范围。这一变动，立即在上海掀起了50 mL摩托车的销售高潮。摩托车的不同排量、结构与行车油耗直接相关。从我国摩托车工业80年代初迅速发展以来，我国摩托车行业在生产技术、生产手段及规格排量等方面都有了较大提高，已可以为市场、居民提供从50～750 mL等10个排量420多个品种的车型。从历年各个排量的摩托车生产曲线看：小排量摩托车持续保持旺升，势头很好。

(二)摩托车供求预测

以1994年居民货币收入较快增长、物价基本稳定、摩托车在“复关”前后关税变动不致严重冲击国内市场为前提，应用相应模型进行测算：1994年我国摩托车需求将略有上升，中小排量车型增长势旺，年产突破300万辆大关(见下表)。

时间	1991年(实际值)	1992年(实际值)	1993年(预测值)	1994年(预测值)
摩托车生产量	131.7	198.2	290.0	330.0
摩托车保有量	505.15	800	1 050	1 300

根据摩托车市场的发育情况和需求调查认为，今后几年国民经济持续发展以及摩托车质量、技术、价格等方面的改善，将为我国摩托车市场带来生机。其市场特点为：

1. 摩托车将成为城乡居民消费的又一热点。摩托车将在一些经济发达城市与自行车分庭抗礼。据对广州、深圳、新塘、佛山等地的了解，广东省摩托车市场十分活跃，1992年底省摩托车私人拥有量就已达86万辆，市场容量和每年销售量都很大。仅1993年2月广东供销系统的摩托车销售量就比去年同期增销2.1倍，其中广州市增销1.3倍。实地统计，广州市部分大排量、高功率摩托车已经加入出租车中短途运输行列，一些地方存车处摩托车与自行车已五五分成，日渐成为城市居民代步的重要交通工具。

2. 摩托车生产结构的调整、质量的提高，为居民提供了充裕的选择度。“七五”期间，以“嘉陵”“建设”“易初”“轻骑”“南方”“洪都”为首的摩托车生产厂家，围绕居民消费心理和市场形势的变化，积极投资进行技术改造，寻找国外企业合资，据不完全统计，行业重点企业每年都用上亿元资金进行技改。

3. 摩托车市场商品规格纷呈，居民购买取向各异。1992 年摩托车市场供不应求，价格上扬，产销率已在 98%以上，各种车型均有销路，生产企业、经销企业基本无库存。据居民消费意向调查得知，1994 年摩托车市场看好，但消费者消费偏好取向不一，年轻人多买 125 mL 以上排量车型；年长者多买 125 mL 以下排量车型；有钱人企望进口高档车型，价格万元以上，排量适中的豪华座式车；中等收入者偏爱国产名牌，价格 3 000～10 000 元，排量适中车型；低收入人群中要买摩托车的，多集中在 3 000 元以下价格、排量略小的车型。总体看来，除去“建设”“嘉陵”“上海”几个名牌，没有哪种车能完全控制市场。

4. 我国摩托车市场发育还亟待道路、存放等环境问题的解决。据调查，居民在购买摩托车时，在诸多因素中主要考虑质量、价格、申请牌照及存放地点。其中重点考虑牌照及存放地点者所占的比例，高于重点考虑摩托车商品价格者的比例。

5. 地区差价在一定时期内还将明显存在。据 1993 年 4 月市场调查，6 城市摩托车市场差价显著，嘉陵 JHI25、速飞乐 80、无锡捷达、名流 CH100 差价均在千元以上，甚至高达 2 300 元。预计这种地区价格差异，会因社会需求的旺而不疲延至 1994 年。

【评析】 这是一份市场需求预测报告，预测对象是 1994 年国内摩托车市场供求情况，属于短期预测。标题为双标题，正题“摩托车在迅速发展，道路环境亟待改善”点明预测报告的主旨，副标题“——1994 年国内摩托车市场供求预测”则表明了预测的对象和文种。正文包括三部分：第一部分是对 1993 年摩托车市场的回顾与分析。先概述 1993 年 1～8 月份市场情况，继而做出分析，结论是摩托车市场具有很大的可拓性。第二部分是对摩托车市场环境因素的分析。分析主要从三个方面入手：一是摩托车的生产受国民经济发展的直接影响；二是摩托车与汽车的消费有较大差别；三是摩托车工业的发展、市场的发育与公路交通新业的发展息息相关。第三部分是对 1994 年摩托车市场的预测，分析了未来市场所具有的五个特点。从历史的回顾与环境因素分析，从而预测结论，三个部分衔接紧密，环环相扣。在分析方法上，例文采用定量分析与定性分析相结合，同时以定性分析为主的方法。如第二部分对市场环境因素的分析，主要采用定性分析方法。第三部分对未来市场的预测，运用模型进行预算，属定量分析法，而对未来特点的分析，仍主要采用定性分析法。整体评价：文章中心明确、格式规范、条理清楚。文章结合了数据、表格及多种预测方法，使分析更为翔实、可靠。在语言的运用上，作者非常注意用词的准确。尤其对一些结论性词语，都能做到慎重选择。如 1993 年 3 月以后，“摩托车市场开始逐步复苏”中“开始复苏”几个字，运用贴切。“开始”是说有了转机，“逐步”是说有个过程，“复苏”反映由疲到旺的变化。又如对未来市场的预测，“摩托车将成为城乡居民消费的又一热点”。这里的“将”字表明未来态势，是预测分析结论中常用的词语，准确地反映了市场预测报告的预见性特点。此外，还注意用词的简明。如“许多摩托车购买者持币待购”“摩托车将在一些经济发达城市与自行车分庭抗礼”，其中的“持币待购”“分庭抗礼”不仅简洁明确，也增强了文章的活力。

实训课堂

请在所学专业领域内分小组出具一份“××专业就业前景分析报告”。

相关链接

市场预测报告与市场调查报告的异同

1. 相同点

(1)都要以事实为基础。

(2)都要以科学的分析为手段。

(3)都要以得出正确的结论为目的。

2. 不同点

(1)目的：预测报告是通过分析历史或现实情况预测未来的变化和发展。侧重于预测市场的发展趋势。市场调查报告是通过调查分析，掌握市场历史或现实的状况。侧重于市场的现实情况。

(2)要求：预测报告应在调查的基础上提出意见或建议。市场调查报告重在“调查”。

第四节　条　据

知识扫描

一、概念

条据，是单位或个人之间因买卖或还借等关系给对方出具的一种带有凭证或说明作用的格式规范的文书形式。条据因使用方便、书写快捷等特点在日常工作和生活中被人们广泛使用，是一种典型的经济类文书。

二、种类

(一)说明性条据。说明性条据主要起到一种说明性的作用，通常用来说明一些具体情况或交代一些基本信息，典型的说明性条据如请假条、留言条、便签等。

(二)证明性条据。证明性条据主要起到一种证明性的作用，通常用来证明当事人双方之间的一种买卖或还借关系，起到一种凭证作用。典型的证明性条据如借条、欠条、收条、领条等。

三、写法

（一）说明性条据写法通常分为标题、称呼、正文、结尾、落款五部分。

标题：第一行居中写“请假条”或“留言条”。

称呼：另起一行定格写称呼后加冒号。

正文：另起一段空两格写清请假缘由和请求事项，留言则写清交代事项。

结尾：可用“请批准”或表谢意之类的语言收尾。

落款：正文右下方写上姓名、请假或留言的具体日期。

（二）证明性条据通常分为标题、正文、结尾、落款四部分。

标题：第一行居中写清条据的名称，如“借条”“收条”等。

正文：写清向对方借、欠、收、领的物品名称及数量，其中涉及数字部分必须大写，钱款还应写明币种，借条还应写明归还日期及所借物品遗失或损坏赔偿等事宜。

结尾：正文下方空两格写上“此据”二字。

落款：署名和日期。签名应由本人亲笔书写。

四、要求

（一）条据签发应仔细，一旦落笔签名后将具备法律效力。

（二）条据处理应谨慎，特别是证明性条据要妥善保存、及时收回等。

（三）条据写作应规范，特别是涉及数字、钱款内容，应规范写作。

案例评析

【案例一】

请 假 条

尊敬的院领导：

我因身体健康状况欠佳，无法从事正常的教学工作，特向学院请假两天(9 月 10 日、11 日)，请领导批准。

附件：医院证明

此致

敬礼

×××

××××年××月××日

【评析】 这是一则请假条，是某人因病或因事不能正常上学、上课、上班或参加某些活动时向相关负责人说明情况、请求准假的条据。要求简洁说明请假缘由，必要时附加说明性材料，语气上要略显礼貌恭敬以获取准假。

【案例二】

留言条

李老师：

您好，今天上午8点我来找您，您有课不在办公室。我想借您昨天课堂讲义一用，不知道您是否方便？明天同一时间我在办公室等您。

学生：×××

××××年××月××日

【评析】 这是一则说明性条据——留言条，是在日常工作或生活、学习中，因无法正常面谈而留言给对方以传递某些信息或交代某些事情中使用的一种文书形式。写作上要求写清楚留言原因及交代事项，信息尽量周全完备。

【案例三】

借　条

今借到公共课教学部“中华经典诗文诵读大赛”活动经费人民币两千元整，日后按规定报销，多退少补。

此据

借款人：×××

××××年××月××日

【评析】 这是一则证明性条据——借条，是个人或单位在向别人借用钱、财、物时给对方出具的日后归还凭证的条据，要求写明借用钱物的名称、种类及具体数量，特别是涉及钱款时要写明币种、数额及还款期限。

【案例四】

欠　条

原借李丽人民币壹仟元整，已还伍佰元整，尚欠伍佰元整，将于一个月内还请。

此据

欠款人：×××

××××年××月××日

【评析】 这是一则证明性条据——欠条，是个人或单位因拖欠他人钱、财、物时，由拖欠人写给被拖欠人作为凭证的条据，要求写明欠什么人什么东西，什么时候归还。

【案例五】

收　条

今收到张晓普通话报名费壹佰元整。

收款人：×××

××××年××月××日

【评析】 这是一则证明性条据——收条，是收到个人或单位钱、财、物时，由收款人写给交款人作为凭证的条据，要求写明收到的物品和钱款，借物归还时，收到归还物后应将借条归还借方，并在收条中注明。

【案例六】

领　条

今从教材科领取《大学语文基本功训练》教材贰拾本。

×××

××××年××月××日

【评析】 这是一则证明性条据——领条，是向他人或单位领取钱、财、物时出具的作为已收到物品凭证的条据，一般为本人亲自领取东西时所用，要求写清领取物品的种类、数量等基本信息。

实训课堂

你因事向班主任请假后留言给寝室室友，告诉她们你去实习单位开具实习证明，一小时后返回上课。实习单位要你返还实习期间使用的测量器械——测量仪后为你开好证明。

请将材料中所需文书一并写出。

【提示】 请假条一份、留言条一份、收条一份、证明一份。

第十三章　法律文书写作

章节序言

法律文书是常用的职业文本写作内容之一，主要是在法律问题领域范围内使用的一种文书形式，常用文种有起诉状、答辩状、上诉状、申辩状等。建筑法律文书主要用于建筑工程项目建设过程中所涉及的如工程质量、安全生产、工程工期、工程款项等领域中产生的一系列法律纠纷，是建筑类高职学生必须掌握的一项职业文书写作技能。法律文书写作的学习有利于提高学生的法律保护意识，提高法律保护能力，是大学生步入社会之前必备的职业素养之一。

第一节　起诉状

知识扫描

一、概念

起诉状又称起诉书，是诉讼当事人为了维护自身的权益，按照法律规定就有关的权利和义务的争议向人民法院提起诉讼的法律文书。

二、种类

(一)刑事起诉状。刑事案件的自诉人(即原告、受害人)或他的法定代理人根据事实和法律直接向法院提起诉讼，控告被告侵犯了本人的合法权益，要求法院追究刑事责任的诉讼文书。

(二)民事起诉状。民事案件的原告或其法定代理人为维护自身的民事权益，就有关民事的权利和义务纠纷，向人民法院提起诉讼的诉讼文书。

(三)行政起诉状。公民、法人或其他组织认为行政机关或行政机关的工作人员对其所实施的具体行政行为侵犯了其合法权益，请求人民法院依照法定诉讼程序审理和裁判，以维护其合法权益而使用的诉讼文书。

三、格式

起诉状由首部、正文、尾部三部分组成。

(一)首部。首部包括标题和当事人的基本情况。

1. 标题。标题是诉讼文书的特定名称，要根据具体案件的性质和类别确定其写法，如《刑事起诉状》《民事起诉状》《行政起诉状》等。在刑事自诉案件中，如果自诉人由于被告人的犯罪行为遭受了物质损失而提起附带的民事诉讼，那么其起诉状的标题应为“刑事附带民事自诉状”。经济纠纷虽属民事案件，但这类诉讼的起诉状标题也可写为“经济纠纷起诉状”。

2. 当事人的基本情况。

(1)原告方的基本情况。原告(刑事自诉状中写“自诉人”)是个人的，依次写明原告的姓名、性别、年龄(或出生年、月、日)、民族、籍贯、职业或工作单位和职务、住址等项，以上各项的顺序不能颠倒，也不能随意增删。如果原告无诉讼行为能力，则在原告的下一行写明其法定代理人的姓名、性别等个人基本情况，并注明与原告的关系。

原告如是法人或其他组织，则依次写明其名称、所在地址，法定代表人或代表人的姓名、职务、电话，企业性质、工商登记核准号，经营范围和方式，开户银行、账号。原告有诉讼代理人的，则在原告的下方另起一行说明诉讼代理人的姓名、性别等基本情况及与原告的关系，由律师担任代理人的，则只写律师的姓名、所在律师事务所名称和职务。原告不止一人的，按其在案件中的地位与作用、享受权利的大小依次列写，各原告的代理人要分别写在各原告的后面。

(2)被告方的基本情况。被告(刑事自诉状中称“被告人”)如是公民，其基本情况的写法与原告相同。被告是法人或其他组织，只需写明被告名称、所在地址和电话，还可写明其法定代表人的姓名、职务。被告不止一人的，按照他们在案件中的地位与作用、其责任的轻重逐次排列介绍。

民事案件与行政案件中，如果有第三人参与诉讼，要在被告的下面另起一行写明第三人的姓名(或单位名称)等基本情况。如果是涉外案件，还要说明有关当事人的国籍。

(二)正文。正文是起诉状的主体，由请求事项、事实和理由、证据和证据来源等内容组成。

1. 请求事项。请求事项即原告为达到自己起诉的目的而向人民法院所做的具体请求，是当事人的目的和意图的集中体现。不同性质的案件，其请求事项各不相同。

(1)刑事起诉状的请求事项，要说明案由，即指控被告人的行为构成的罪名，并要求人民法院依法追究其刑事责任。如果是刑事附带民事自诉状，那么其请求事项中还需另项写明附带民事赔偿要求，提出赔偿钱物的具体数额。

(2)民事起诉状的请求事项是请求人民法院解决有关民事权益争议的具体问题，可分为给付之诉、确认之诉、变更之诉三种，要具体写明对被告的要求，如请求履行合同、归还产权、清偿债务、赔偿损失等，如果涉及钱款，应写明其具体数额。

(3)行政起诉状的请求事项一般也有三种：

①“撤销之诉”，即请求人民法院判决撤销或部分撤销行政机关的违法的行政行为。

②“变更之诉”，即请求人民法院判决变更不当的具体行政行为。

③“履行之诉”，即请求人民法院判令被告履行法定职责。

要根据案件争议的不同情况提出具体的请求，原告已遭受财产损失的，可同时提出损失赔偿要求。

2. 事实和理由。这是起诉状的核心，要求摆事实、讲道理，写明足以支持诉讼请求的事实、理由和证据材料，以证明其诉讼主张的合法性和合理性，同时便于人民法院调查核实，依法处理。具体来说，要写明如下两项内容：

(1)事实。要写明原告所控问题的具体事实及其经过情况。对刑事案件，要注意写清当事人之间的相互关系，具体交代被告人犯罪的时间、地点、动机、目的、手段、情节和结果等因素，要突出关键性的犯罪情节，被告人已遭受物质、经济损失的，还应写明实际损失情况；对民事案件和行政案件，均要写明被告侵权的具体事实或当事人双方发生权益争执的具体情形，交代当事人之间的法律关系以及纠纷的起因、时间、地点、人物和发生、发展的过程及其结果，尤其要写清楚当事人双方争执的焦点和实质性的分歧，被告违约或侵权行为所造成的后果，明确各自应承担的责任。行政起诉状在交代纠纷发生经过的基础上，还要写清楚被告的具体行政行为在认定事实和适用法律上的错误之处。

叙述事实是为实现诉讼请求服务的，所以选择、组织事实材料要紧紧围绕请求事项，两者保持一致。对案件事实的叙述，要按照事情发生、发展的逻辑，或纵或横展开，做到脉络分明，条理清楚。

(2)理由。包括认定案件事实的理由和提出法律根据的理由。要在叙述事实的基础上，分析认定被告人犯罪或侵权行为的性质、所造成的危害与后果以及应承担的责任，同时写明提出请求事项的法律、政策依据，援引有关的法律条文，以证明请求事项的合法、合情、合理。最后请求人民法院依法予以裁决。

理由是诉讼的支柱，要跟事实和请求事项保持逻辑上的一致性，并且要善于抓住案件事实的要点进行评析，切中要害，并恰当援引法律条文作为法律依据，以使请求得到合理的支持。

3. 证据和证据来源。证据是证明所述事实真实性、可靠性的依据，直接关系到案件的事实和理由能否成立，是诉讼成败的关键，因此在叙述事实、阐明理由之后，应列举可靠的证据，以证明事实的真实性，使诉讼具有说服力。列举的证据可包括人证、物证、书证及其他能够证明案件真相的证实材料。举证时，要说明书证、物证以及其他证实材料的来源和可靠程度，还要写明证人姓名、职业、住址以及所提供的证言的内容要点。此外，还应说明向法院提交书证、物证的情况，比如原件、原物，或副本、复制品，如果是外文书证，须附中文译本并说明附送中文译本的情况。如果证据可能灭失或者以后难以取得的话，可以向人民法院申请保全证据。

行政诉讼采取的是“被告负举证责任”的原则，因此在行政起诉状中，一般不必罗列证据材料。当然，如果原告想要使自己的诉讼请求更具合理性，诉讼理由更具说服力，在起诉状中提供相关的证据材料，法律并不限制，更不会禁止。

(三)尾部。尾部要写明下列内容：

1. 诉状所递交的法院名称。

2. 附项：包括起诉状副本的份数，书证与物证等的名称与数量。

3. 起诉人签名或盖章，起诉人如果是法人或其他组织，要写明其全称，并加盖公章。

4. 起诉日期，注明年、月、日。起诉状由律师或委托别人代书的，在日期下一行写明代书人的姓名、工作单位。

四、要求

(一)严格遵循“以事实为根据，以法律为准绳”的原则，做到真实、准确、合法、有条理。

(二)书写格式要规范。起诉状有其通用固定的格式，书写时要尽量按规范性的格式安排内容结构，特定的项目要齐全，前后不能倒置或残缺不全。

(三)语言表述上要做到逻辑严谨。起诉状在语言上有较高的要求：一是表意要准确严谨，并且要恰当运用规范的法律专用术语，不能产生歧义；二是表述要简洁明了，要尽量用简明的文字叙事说理，不能拖泥带水；三是语言要庄重、质朴、严肃，切忌故弄玄虚卖弄辞藻。

(四)提起诉讼时，原告应按照被告的人数提交起诉状的副本，由法院转交。

案例评析

经济纠纷起诉状

原告：××市××综合贸易中心　　地址：××市平安西街104号

法定代表人：林××　　性别：男　年龄：52岁　职务：经理

住址：××市××街56号

诉讼代理人：于××　　性别：男　年龄：40岁　职务：供销科长

住址：××市东风路4号

被告：××市××贸易公司　　地址：××市人民北路33号

请求事项：

请求人民法院根据《中华人民共和国经济合同法》有关规定，追回××市××贸易公司欠我贸易中心货款14.5万元，赔偿所欠货款利息及有关损失，依法维护我贸易中心的合法权益。

事实与理由：

1998年4月20日、5月7日，我贸易中心采购员刘××，先后两次与××市××贸易公司副经理李××签订购销合同。第一份合同是购买各种规格的圆钉共50吨，每吨单价0.22万元，合计人民币11万元。第二份合同是购买镀锌8号线200吨，每吨单价0.165万元，合计人民币33万元。我贸易中心严格按合同规定办事，合同签订后一个星期内，分别将两笔货款汇到××市××贸易公司的账号上，共计人民币44万元，分文不差。

但是，××市××贸易公司却不按合同规定办事。我贸易中心第一批货款11万元汇出后一个月，才首次发出圆钉20吨，其余30吨，再无音讯。第二批货款33万元汇出后，亦未见将镀锌8号线发出。我贸易中心多次发出函电催货，他们都不予理会。7月份以来，我贸易中心两次派人专程去××市，找××贸易公司副经理李××面商，并主动提出，如无货物，可以退款。李××多方推脱责任，继续拖延。至今既未将货物发出，又不给我贸易中心退回货款。

两份合同都有规定：供方在货款到后10日内未将货物发出，处以货款10%的罚款。××市××贸易公司收到我贸易中心的货款已经有85天，仍未把货物发齐，实属严重违反合同规定，为此，我贸易中心经营活动受到严重影响，直接经济损失估计近10万元。

为维护我贸易中心的合法权益，请求人民法院依法予以处理。

此致

××市中级人民法院

起诉人：××市××综合贸易中心

（盖章）

××××年××月××日

附件：

1. 本状副本4份

2. 书证8份

3. 物证3件

【评析】 这是一份较为规范的起诉状。首部叙述了当事人的基本情况，正文叙述了请求事项及事实和理由，请求事项明确、事实和理由充分，书写格式规范。

实训课堂

根据下述材料草拟民事起诉状：

1989年张××与王××经朋友介绍二人相处一段时间后，登记结婚，二人均属再婚。结婚时张××与前妻育有一子，王××与前夫育有一女，两人再婚后四人一起生活。2008年王××因病在医院治疗，因医生的违规治疗，致使王××女士死亡，张××委托其女与医院交涉，医院因该事故向王赔偿35万元，王得到该笔赔偿金后，遂与张××发生矛盾，不给张××该笔赔偿金，张××因与王协商未果，遂向××市二七区人民法院起诉索要赔偿金。根据以上案件内容书写民事起诉状。

相关材料：

张××，男，××年××月××日生，××族，工人，住址：××市××区××路23号院。

王××，女，××年××月××日生，××族，某公司文员，住址：××市××区××路23院。

张××，男，××年××月××日生，××族，某公司司机，住址：××市××区××路23号院。

民事起诉状

（公民提起民事诉讼用）［首部·标题］

［首部］

原告：________

被告：________

［正文］

案由：

____

____

诉讼请求：

____

____

事实与理由：

____

____

证据和证据来源，证人姓名和住址：

____

____

［尾部］

此致

________人民法院

起诉人：________

年　月　日

附：本诉状副本______份

注：本诉状格式亦可适用于公民提起经济诉讼。

第二节 上诉状

知识扫描

一、概念

上诉状是指诉讼的当事人不服人民法院做出的第一审判决或裁定，在法定上诉期限内向上一级人民法院提起上诉，请求撤销、变更原审裁判或请求重新审理的诉讼文书。我国实行的两级终审制，第二审的判决是终审判决，事关重大。因此，正确书写上诉状，对依法维护当事人的合法权益至关重要。

二、种类

根据案件性质的不同，上诉状可分为刑事上诉状、民事上诉状、行政上诉状。

三、格式

上诉状由首部、正文、尾部三部分组成。

(一)首部。首部包括标题和当事人的基本情况。

1. 标题。根据案件性质的不同，分别以"刑事上诉状""刑事附带民事上诉状""民事上诉状""行政上诉状"等作为标题。

2. 当事人的基本情况。其写法与起诉状基本相同，只是要将"原告人""被告人"相应地改成"上诉人""被上诉人"，并在各自的后面用括号注明在原审中所处的诉讼地位，即是原审原告，还是原审被告或第三人，公诉的刑事案件无被上诉人，则只需要写出上诉人的基本情况。上诉人如有法定代理人，还要写明法定代理人的基本情况及与上诉人的关系。

(二)正文。正文包括案由、上诉请求、上诉理由。

1. 案由。要写明上诉人不服原审判决或裁定的事由，具体包括原审人民法院的名称、处理时间、文书编号、文书名称和上诉表示等内容。通常可表述为："上诉人因×××××一案，不服××人民法院于××××年××月××日第××号××判决(或裁定)，现提出上诉。"

2. 上诉请求。上诉请求是上诉人针对第一审人民法院裁判的不当之处，向第二审人民法院表明自己的上诉目的和要求，明确提出自己的诉讼主张，要求上一级人民法院撤销或部分撤销或变更原审裁判，或要求重新审理案件。

上诉请求是指上诉人请求上一级人民法院解决的具体问题。上诉请求是上诉状的纲要，叙写上诉请求应当明确、具体、详尽，写明上诉人请求二审人民法院依法撤销或者变更原审裁判，以及如何解决本案民事权益争议的具体要求。有多项请示事项的可分条列述。

3. 上诉理由。这是上诉状的关键部分。上诉理由是否充分有力，直接关系到上述请求能否成立。上诉理由不是针对对方当事人的无理之处进行说理论证，而是依据事实和法律，针对原审裁判的错误所在，进行辩驳，以阐明纠正或否定原审裁的事实与法律依据。阐述上诉理由应当突出重点，抓住要害。根据司法实践，上诉理由一般可以从以下几个方面进行考虑：

(1)原审裁判在事实的认定上是否有错。事实是原审法院审理和裁判案件的根据，也是决定被告人是否犯罪侵权及其罪责大小轻重的主要依据。因此上诉人在提出上诉理由时可首先从事实入手，分析原审裁判在事实的认定上是否有错。如果上诉人认为原审裁判所决定的事实与案情本身有出入，或者事实不清，或者遗漏了有关重要情节，或者证据不足，就应有针对性地指出其问题所在，客观地陈述案情或补充新的重要事实，并提供可靠的证据，以澄清事实真相，阐明自己不服原审裁判的理由。

事实是人民法院对案件做出裁决的基础，一审认定的事实如有错误或出入，或者遗漏了重要事实，或者缺乏证据，做出的裁决就可能不正确。律师代书上诉状应当首先从事实入手，提出与原审认定的事实相对抗的客观事实真相，并列举确凿充分的证据加以证实。只要能把原审认定的事实部分或全部推翻，必然导致原审裁判部分或全部改变。

(2)案件的定性和处分尺度是否有误。上诉人可以有针对性地分析原审裁判对上诉人行为的法律评断是否恰当，对案件性质的确定是否准确，处分尺度是否合理，从而指出原审裁判之错误所在，并依据法律提出本案该如何定性、如何量刑、如何处分。

(3)适用法律上是否恰当。人民法院审理案件，以事实为依据，以法律为准绳。原审法院适用的法律如果与事实不相适应，或者引用的法律条文不全面，或者曲解了法律条款等，都会导致裁决的错误。律师应当列出适合案件的法律条款，并进行具体论证。

如果上诉人认为原审裁判违反了法律条文，或者引用法律条文不准确，或者曲解了法律条文，应据实提出，具体指出原审裁判在运用法律上的不当之处及错误引用法律条款的原因所在，说明应当正确运用法律条文，并提出自己的理由，加以具体的分析论证，以反驳原审裁判在适用法律上的错误，以便第二审法院做出正确的审查、判断。

(4)在诉讼程序上是否存在问题。我国《民事诉讼法》第 153 条规定：原判决违反法定程序，可能影响案件正确判决的，裁定撤销原判，发回原审人民法院重审。根据这一规定，原审法院在案件审理过程中如果违反了法律规定的诉讼程序，造成案件处理不当，律师陈述上诉理由时应当据实提出，作为要求改变原审判决的理由。

上诉人还可以针对原审裁判在诉讼程序方面的错误，提出纠正原审裁判的事实与法律依据。如果原审裁判违反法定诉讼程序的，应回避的而未回避，应有辩护人的案件而无辩护人，应公开审判的而审判时未公开，应传唤的证人而未传唤等，从而影响了司法公正，上诉人均可据此作为上诉的理由提出，并说明其事实根据与法律依据。但要注意的是，如果原审法院在案件的审理中虽然违反了法定的诉讼程序，但对案件的处理并无不当，则不能以此作为唯一的上诉理由。

上诉理由是文书的核心内容，应当作为重点进行论述。民事上诉状的上诉理由与起诉状存在严格的区别：上诉状是针对原审裁判进行论述，起诉状则是针对对方当事人的无理之处进行论述。律师代写民事上诉状，必须注意两者的区别，否则文不对题，上诉理由不能成立，上诉请求也失去依据，上诉意见不能被法院采纳。

在论证方法上，应当先用概括的语言指出一审裁判的错误，然后进行反驳。原审裁判有数项错误的，可以总体指出错误，然后逐项予以反驳；也可以指出一项错误后即予反驳。

总之，上诉理由是民事上诉状的关键，是论证上诉人的上诉请求的依据。上诉理由是否充分，关系到上诉目的能否达到。

四、要求

(一)上诉人必须符合法定的上诉条件。

(二)提出上诉必须在法定的期限之内。不服刑事判决的上诉期限为 10 天；不服民事判决与行政判决的上诉期限为 15 天，不服民事或行政裁定的上诉期限为 10 天。逾期上诉无效。

(三)上诉状可向原审人民法院递交，也可以直接递交给上一级人民法院，递交上诉状时要按照对方当事人的人数递交上诉状副本。

(四)上诉请求和理由的提出要注意针对性，要紧扣原审裁判的不当之处，紧紧围绕导致原审裁判错误的具体原因，陈述事实事相，列举可靠证据，并援引法律条文，依法进行有理有据、实事求是的分析与解剖，使辩驳有的放矢，充分有力，而不能含糊其词，牵强附会，或者无理缠讼。

案例评析

上诉状

上诉人(原审被告)：××市运输站长王××。

被上诉人(原审原告)：史××，男，28 岁，汉族，本市第一中学教师，住本市×路×号。

上诉人因车祸一案，不服××市××区人民法院××××年××月××日×字×号民事判决，特提起上诉。现将上诉理由和请求陈述如下：

原审判决认定：史××之子史×，8 岁，因扒乘市运输站 4 吨解放牌汽车，司机姜××明明知晓，却不停车予以制止，而是照开快车，致使史×摔断肋骨，判令被告人赔偿史×全部医疗费用。

上诉人认为上述认定与事实真相不符。

一、史×在×日×时×分确曾扒乘原审被告的 4 吨解放牌汽车。司机姜××发现后，曾停车劝其不要扒车，史×当场下车。后当车子开动，史×又偷偷地在后车厢铁杆上吊爬汽车。司机姜××发现后准备刹车，严令其不要吊爬汽车。不料史×害怕受斥，急从车上跳下，摔在地上。此时正逢一男青年骑自行车急驰而过，来不及刹车，撞在史×身上，致使其肋骨折断。而该青年因害怕追究事故责任，骑车飞快逃逸。此事有现场目击者居民施××老太太可以证明。出事时，施××老太太曾喊过："脚踏车撞人！脚踏车撞人了！"

二、根据市第××人民医院检查证明，史×的肋骨折断，是外物严重撞击所致，而非从车上摔到地上所致。

三、为顾惜被上诉人遭此不幸，在史×住院期间，上诉人一方司机姜××曾携带价值伍拾元的营养品去医院慰问。上诉人也派员到医院捐助人民币贰佰元，帮助被上诉人减轻医药费负担。但被上诉人竟将此认定为是上诉人做贼心虚，投诉到××市××区人民法院，控告上诉人，请求法院判令上诉人赔偿全部医药费用。上诉人认为原审原告的请求和原审法院判决是无理的。基于上述事实和理由，恳请××市中级人民法院深入调查，弄清事实真相，做出公正而合理的判决。

此致

××市××区人民法院转致

××市中级人民法院

上诉人：××市运输站法定代表人

王××(盖章)

××××年××月××日

[附]人证：施××，女，55岁，居民，住本市××路×号。

【评析】 这份上诉状格式完备规范。正文叙述了事情发生发展的过程，陈述了充分的理由，列举了人证物证，证明原审人民法院的判决是不正确的。如果辩驳时能引用一些得当的原审判决的词句，再列出一些过硬的证据，使上诉的事实和理由更加充分，那就更容易获得胜诉。

民事上诉状

（公民提出上诉用）

上诉人：________________

被上诉人：______________

上诉人因______________一案，不服______________人民法院____年____月____日（ ）字第   号，现提出上诉。

上诉请求：______________________________

____

____

____

____

____

上诉理由：______________________________

____

____

____

____

____

____

____

此致

____________人民法院

上诉人：

年　　月　　日

附：本上诉状副本________份。

注：本诉状格式亦可适用于经济案件中公民提起上诉。

第三节　答辩状

知识扫描

一、概念

答辩状是指诉讼当事人收到人民法院送来的起诉状副本或上诉状副本后，就被诉的事实和理由进行答复或辩驳的书状。答辩状是针对诉讼时对方当事人所提出的诉状作辩驳性的陈述，因此具有很强的论辩性。它要运用确凿的事实、充分的论据和有关的法律条款，展开论证去驳倒对方的观点和论据。

二、写作

(一)标题。性质＋文种。

(二)正文。

1. 答辩人的基本情况：答辩人的姓名、年龄、性别、民族、籍贯、职业、住址等。

2. 答辩的案由。

×××人民法院××月××日×字第×号送达×××为×××一案上告×××的诉状副本的通知已收到。现答辩如下：

3. 答辩的内容。

4. 结尾。

以上答辩，请予考虑，并做出公正判决。

此致

×××人民法院

答辩人：×××

××××年××月××日

(5)附项：证物×件，书证×份。

案例评析

答辩状

答辩人：××市××××房地产开发总公司代表何××，公关部经理。

案由：上诉人张××因房屋折迁一案，不服××市××区[××××]民字第19号的判决，提出上诉。现答辩如下：

答辩理由：为了适应本市商业发展的需要，我公司于××××年12月向市城建规划局提出申请报告，要求拓宽新建丝绸百货大楼前面场地150平方米。市城建局于12月25日以市城建字[××××]71号批文同意该项工程。同年在拓宽场地过程中，需要拆迁租住户张××一户约18平方米的住房，但张××提出的要求过于苛刻。几经协商，不能解决。答辩人不得已于××××年1月××日投诉于××市××区人民法院。××市××区人民法院于××××年2月以[××××]民字第19号判决书判处张××必须于××××年3月底前搬迁该屋，并由市房地产开发总公司提供不少于原居住面积的房屋租给张××居住，但张××仍无理取闹。据此，答辩人认为张××的上诉理由是不能成立的。

一、张××说我们拓宽新建丝绸百货大楼前面的场地是未经批准的。这是没有根据的。一审法庭曾审查过房地产开发总公司要求拓宽新建丝绸百货大楼前面场地的报告和市城建局城建字[××××]71号的批文，并当庭概述了房地产开发总公司的报告内容，还全文宣读了市城建局的批文。这些均有案可查。张××不能因为要求查阅市城建局的批文，未获准许，而否认拓宽工程的合法性。

二、张××说我们未征得她本人同意，与房主×××订立房屋拆迁协议是非法的。这更无道理。张××租住此屋，只有租住权，并无房屋所有权。所有权理当归属房主×××。我们拓宽场地，拆毁有碍交通和营业的房屋，理当找产权人处理，张××无权干涉和过问。

应当指出，对于张××搬迁房屋一事，我们已作了很大的让步和照顾。我们答应她在搬迁房屋时提供离现居住房屋500米的××新建宿舍大楼底层朝南房间一间，计20平方米，租给她居住。而张××还纠缠不清，漫天要价。扬言不达目的，决不搬迁。

综上所述，答辩人认为××市××区人民法院的原判决是正确的，合法而又合情合理，应予维持。

此致

××市中级人民法院

答辩人：××市房地产开发总公司

代表：何××

××××年四月二十五日

【评析】 这是一份民事答辩状，属被上诉人的答辩，因而又属“被上诉答辩状”。状文先说明拓宽新建丝绸百货大楼前面的场地是经市城建规划局批准的；再陈述上诉人不服判决，提出的上诉理由是站不住脚的。这就为下面的答辩奠定了基础。理由部分，将上诉状的无理和歪曲事实的主要方面扼要地叙述出来；然后提出根据，列条论证，讲明道理，驳斥上诉人的无理要求；最后用“综上所述……”提出答辩请求，即要求二审法院维持原判。

这份答辩状针对性强，目的明确，表述清晰，文字简洁，格式正确，可资借鉴。

实训课堂

民事答辩状[标题]

[首部]

答辩人：______________

地址：______________

[正文]

答辩人因__________一案(或：答辩人因__________对__________一案所提上诉)，提出答辩如下：

____

[尾部]

此致

__________人民法院

答辩人：

年　月　日

附：本答辩状副本______份

注：答辩人为法人或其他组织的，按法人的项目填写

第四节　申诉状

知识扫描

一、概念

申诉状又称申诉书、再审申请书。它是案件的当事人及其他法律规定有申诉权的人，对已经发生法院效力的判决或裁定、不起诉决定、调解协议等，认为确有错误，表示不服，依法请求人民法院或人民检察院重新处理做出纠正的诉讼文书。根据诉讼法的有关规定，对刑事案件，有权提出申诉的仅限于案件的当事人。申诉是法律赋予公民的一种民主权利，对已经发生法院效力的判决或裁定，凡是当事人认为有错误的均可提出申诉，但申诉并不能停止判决、裁定的执行。

申诉状是人民法院决定是否引起审判监督程序的主要参考依据，是再审案件的来源之一。它虽然只是可能而非必须引起审判监督程序的发生，但在一定情况下，它是纠正已发生效力的错误判决或裁定的有效补救方法，也是当事人运用特殊程序保护自己合法权益的有效武器，它对于司法机关的公正执法，维护法律的严肃性，具有重要的作用。

二、格式

申诉状的格式和写作方法，也是由首部、正文和尾部组成。

(一)首部。

1. 标题。对刑事案件和行政案件的申诉，写“申诉状”或“申诉书”；对民事案件的申诉则写“再审申请书”。

2. 当事人的基本情况。说明申诉人或申请人的基本情况。申诉人或申请人是公民的，写明其姓名、性别、年龄、民族、籍贯、职业(或工作单位和职务)、住址等；是法人或其他组织的，则写明其名称(全称)、所在地址、法定代表人(或代表人)的姓名、职务；刑事案件的申诉人如果在押，应写明在押的处所；如果申诉人不是案件的当事人，要注明申诉人与当事人之间的关系，并加写当事人的基本情况。

(二)正文。正文包括案由、请求事项、事实和理由三部分内容。

1. 案由。用简洁的文字表明申诉人(或申请人)对哪个人民法院何时以何字号做出的判决(或裁定)提出申诉。一般可表述为：“申诉人×××对××××人民法院××××年××月××日×字第×号××判决(或裁定)，提出申诉(或申请再审)。”

2. 请求事项。写明申诉人(或申请人)要求人民法院或人民检察院解决的问题，表明自己通过申诉所要达到的目的。一般要指明申诉人原受到的处理有何不当，尤其是要明确提出希望怎样解决，如请求撤销、变更原裁判，或请求人民检察院自行复查，或请求人民法院进行再审等。请求事项要做到具体明确、合理合法、言简意赅，内容较多的，应分项表述，使其条理清楚、层次分明。

3. 事实和理由。这是申诉状最主要的组成部分，其内容主要是对申诉请求进行论证，对原审裁判的不当之处进行辩驳。申诉案件的情况千差万别，但引起申诉的原因如同上诉理由一样，归纳起来不外乎是事实认定不清、适用法律法规不当、违反诉讼程序而影响公正审判三个主要方面。因此，申诉状的事实和理由一般可以从以下几个方面着手进行写作：

(1)综合概述案件事实真相、原来的处理经过和最后处理结果，以便法院对案件有一个全面的了解。

(2)针对原审裁判的具体情况，阐明自己的不服之点。分别就事实认定不清、采用证据失当、案件定性有误、适用法律法规不准确、违反了法定的诉讼程序或者审判人员有枉法裁判行为等，或一方面或多方面分析辩驳原审裁判的不当之处。辩驳时可先具体指出原审处理决定所存在的问题与错误，以及由于不当的处理决定给申诉人所造成的危害和损失，再通过摆事实，讲道理，并列举可靠证据，依据法律条文，加以充分论证，进行自我辩护，充分阐述自己不服原审裁判的事实根据和法律依据。在写法上可针对原审裁判不公正之处，分条列项，逐一申辩，也可集中申辩一二个问题而不涉及其他，或证明，或反驳，力求条理清晰，论证严密，辩驳有力。

(3)通过叙事说理，在分析论证的基础上，进行归纳总结，最后概括引出申诉或申请再审的具体要求，如："综上所述，原审判决(或裁定)确有错误，特向你院提出申诉，请求重新处理(或请求再审，依法改判)。"

(三)尾部。写明申诉状所提交的人民法院或人民检察院的名称；所附交的原判决书或裁定书的抄件或复印件的份数；申诉人或申请人署名。申诉人为法人或其他组织的，要写明全称，由法定代表人或代表人签名，加盖单位公章；写明具状日期。

三、要求

(一)申诉必须是针对已经发生法律效力的判决、裁定或调解协议，按照法律规定，申诉不受时间限制，只要发现新的事实和证据或者有新的理由，随时都可提出，但要注意的是，民事再审申请必须在判决裁定发生法律效力后的两年内提出，否则，再审之诉的诉讼权利丧失。

(二)对已经发生法律效力的调解书提出再审申请，必须能够提出证据证明调解违反自愿原则或调解协议的内容违反法律规定；对已经发生法律效力的解除婚姻关系的判决，不得申请再审。

(三)申诉时要注意附上第一、二审判决书、裁定书或调解书的抄件或复印件，以便法院进行处理。

(四)申诉状的写作要有的放矢，紧扣案情，针对原审裁判的错误，据事依法说理。申述理由要抓住要害，依据法理，举证反驳，做到有理有据、逻辑严密、说服力强，切忌无的放矢、四面出击，或者强词夺理、无理狡辩。

案例评析

申诉状

申诉人：××市××食品商店。　　地址：××市××路××号。

法定代表人：×××　职务：经理。

被申诉人：××市××贸易公司。　　地址：××市××路××号。

法定代表人：×××　职务：经理。

申诉人因经济合同纠纷一案，不服××市××区人民法院××××年××月××日法经字〔××××〕第×号判决，特依法提出申诉。

申诉请求：请求××市人民法院依法受理申诉人诉××市××贸易公司因经济合同纠纷致使申诉人遭受经济损失一案，要求撤销原判，重新审理，做出合法、合理之判决。

申诉事实和理由：

申诉人与被申诉人之间因经济合同纠纷一案，经××市××区人民法院审理，该院于××××年××月××日给当事人送达了×法经字〔××××〕第×号民事调解书，该调解书裁定如下：

1. 原告(即本案被申诉人)××市××贸易公司，将6 560千克的我业奶粉退还给被告(即本案申诉人)××市××食品商店；被告于××××年××月××日前，将35 250元货款返还原告。

2. 被告赔偿原告差旅费185元、鉴定费480元的经济损失(与上项同时给付)。诉令费430元由被告全部负担。

申诉人认为，以上裁定是有背于事理的，是不公正的。因为上述调解书中载有这样一段关键的事实："原告在拿到被告提供的化验单后，又经××市卫生防疫部门的检验允许，将此工业奶粉售给××饮厂。"调解书中这段记载与一审原告提出的"经济起诉状"记载完全相同。

由此可见，本案中申诉人发到被申诉人处的工业奶粉是经过××市卫生防疫站检验认定为"作为工业奶粉可以使用"的合格奶粉，而不是不合格奶粉。据被申诉人自称：被申诉人收到发货的时间是××××年××月××日(见起诉状第×页第×行)，于同年××月××日(见起诉状第×页第×行)送样品到××市卫生防疫站检验，检验结果："作为工业奶粉可以使用"(见起诉状第×页第×行)。以上事实充分证明，申诉方售给被申诉方的工业奶粉是完全合格的。××××年×月，被申诉方则根据××市卫生防疫站提供的检验报告单，以检验合格为证据，又将这一批工业奶粉顺利转售给××冷饮厂。但是，当该冷饮厂将此工业奶粉用于加工生产冷饮食品并且在已经使用670千克后，于××××年××月××日再次这样于××市卫生防疫站进行检验，此次的检验结果却为"不合格"。于是，××市××贸易公司便于××××年××月××日起诉于××市××区人民法院。

对此，申诉人认为，我方售出的同样商品，经过同一检验单位(××市卫生防疫站)的科学检验，前三次的检验结果都是合格奶粉。但转入××冷饮厂并且已经使用了部分奶粉之后再行检验，却成了不合格奶粉。其中造成这一批工业奶粉出现质量问题的责任方究竟是谁，岂不是不方而自明？更何况我方售出的工业奶粉是××××年××月，在此期间被申诉人取样进行检验，结果证明是合格奶粉，被申诉人才将这一批工业奶粉转售给××冷饮厂。至于转到××冷饮厂之后出现什么问题，这与申诉方又有什么关系呢？

因此，申诉人特要求人民法院在查明事实真相的情况下，撤销原判，对本案重新审理，做出公正的裁决。并要求通过人民法院追回××市××贸易公司无理纠缠给我方带来的一切经济损失。

此致

××市人民法院

申诉人：××市××食品商店(公章)

法定代表人：×××(签章)

××××年××月××日

附：1. 本申诉状副本 2 份。

2. 原审民事调解书复印件 1 份。

3. 书证 4 份。

【评析】 这是一份格式规范的经济纠纷申诉状。标题标明了诉讼文书的性质，在正文的“事实和理由”部分依事据理，用“以子之矛攻子之盾”的论辩方法，举以实证，层层深入，有据有理。其最大特点是侧重于客观事实的陈述，而陈述事实时，又能注重抓关键环节，辅以必要的事理分析，显得理清事明，无容置辩。

实训课堂

申诉状[标题]

[首部]

申诉人：__________ 地址：__________

被申诉人：__________ 地址：__________

[正文]

案由：申诉人因经济合同纠纷一案，不服××市××区人民法院××××年××月××日法经字〔××××〕第×号判决，特依法提出申诉。

申诉请求：

申诉事实和理由：

[尾部]

此致

__________人民法院

申诉人：

年　月　日

附：本申诉状副本________份

相关链接

申诉状与上诉状的区别

1. 针对的对象不同。申诉的对象是已经发生法律效力的判决或裁定，包括二审的终结判决或裁定，甚至正在执行或者执行完毕的判决或裁定；而上诉仅限于尚未发生法律效力的判决或裁定。

2. 提出的时限不同。申诉除民事再审申请须在裁判生效后的两年内提出外，其余的一般不受时间和次数的限制，只要是对已经生效的判决或裁定不服，无论何时都可提出申诉；而上诉必须在法定的期限内提出，逾期则无权上诉。

3. 呈送机关不同。申诉状与再审申请书的致送机关是原审人民法院或上一级人民法院，刑事案件还可呈送给人民检察院；而上诉状的受理机关只能是原审的上一级人民法院。

4. 受理的条件不同。申诉状是否能引起审判监督程序的发生是有条件的，要视原审裁判在认定事实和适用法律上是否确有错误来决定。确有错误，申诉有理的，法院就受理；无理由的，法院则不受理。而上诉状是无条件的，只要是依法享受上诉权利的人，在法定期限内上诉，无论其理由正确与否，法院都要受理，从而引起第二审程序的发生。

第十四章　建筑文书写作

章节序言

建筑文书是常用的职业文本写作内容之一，主要是在建筑行业领域范围内使用的一种文书形式，“由建设施工方、监理方、验收方或相关单位及个人制作，用法定或约定的体裁和术语写成，以资交际和信守的书面文字材料。”常用文种有施工日志、工程变更单、工程联系单、技术交底文件等。建筑类专业文本写作是建筑类专业学生必备的一种职业文本写作能力。

第一节　施工日志

知识扫描

一、概念

施工日志也叫施工日记，是对整个施工阶段的施工组织管理、施工技术等有关施工活动和现场情况变化的真实的综合性记录，也是处理施工问题的备忘录和总结施工管理经验的基本素材。施工日志是施工资料中一份必不可少的文件。施工日记在整个工程档案中具有非常重要的位置，所以如何记好施工日记非常值得探讨和总结。

二、写作

施工日志的内容可分为五类：基本内容、工作内容、检验内容、检查内容、其他内容。

(一)基本内容。

1. 日期。从工程开工到竣工，全过程地不间断记录施工。具体每天除写清施工当天的公历年、月、日外，还要记清农历年、月、日，星期，农历节气。

3. 天气。当天的天气，最好是上午、下午、夜间分开记，并要记清晴、阴、雨、雪、大风、大雾、温度等气象情况。平均温度可记为××℃～××℃，这一点冬季施工很重要。

3. 施工部位。施工部位应将分部、分项工程名称写清楚。

4. 出勤人数。当天现场的施工管理人员、技术人员、各工种技术工人、普通工人、机械设备随机人员及伙房人员，均应一一如实地记清楚。并合计当天出勤人员总数。

5. 机械、设备使用情况。施工当天的机械及设备使用情况，有无故障、故障处理情况，设备日常维护及维修情况，新旧设备更替及具体操作运行情况等信息要如实记录。

(二)工作内容。

1. 当日施工内容及实际完成情况。

2. 施工现场有关会议的主要内容。

3. 有关领导、主管部门或各种检查组对工程施工技术、质量、安全方面的检查意见和决定。

4. 建设单位、监理单位对工程施工提出的技术、质量安全、进度要求、意见及采纳实施情况。

(三)检验内容。

1. 隐蔽工程验收情况。应写明隐蔽的内容、轴线、分项工程、验收人员、验收结论等。

2. 试块制作情况。应写明试块名称、试块组数。

3. 材料进场、送检情况。应写明批号、数量、生产厂家以及进场材料的验收情况，以后补上送检后的检验结果。

(四)检查内容。

1. 质量检查情况：当日混凝土浇注及成型、钢筋安装及焊接、砖砌体、模板安拆、抹灰、屋面工程、楼地面工程、装饰工程等的质量检查和处理记录；混凝土养护记录，砂浆、混凝土外加剂掺用量；质量事故原因及处理方法，质量事故处理后的效果验证。

2. 安全检查情况及安全隐患处理(纠正)情况。

3. 其他检查情况，如文明施工及场容场貌管理情况等。

(五)其他内容。

1. 设计变更、技术核定通知及执行情况。

2. 施工任务交底、技术交底、安全技术交底情况。

3. 停电、停水、停工情况。

4. 施工机械故障及处理情况。

5. 冬雨季施工准备及措施执行情况。

6. 施工中涉及的特殊措施和施工方法、新技术、新材料的推广使用情况。

三、要求

(一)记录要及时、准确、翔实、完整，记录人员书写要工整、清晰，最好用仿宋体或正楷字书写，切实保证施工日志记录的连续性、完整性、清晰性及可参照性。

(二)当日的主要施工内容一定要与施工部位相对应。

(三)养护记录要详细，应包括养护部位、养护方法、养护次数、养护人员、养护结果等。

(四)焊接记录也要详细记录，应包括焊接部位、焊接方式(电弧焊、电渣压力焊、搭接双面焊、搭接单面焊等)、焊接电流、焊条(剂)牌号及规格、焊接人员、焊接数量、检查结果、检查人员等。

（五）其他检查记录一定要具体详细，不能泛泛而谈。检查记录记录得详细还可代替施工记录。

（六）停水、停电一定要记录清楚起止时间，停水、停电时正在进行什么工作，是否造成损失。

案例评析

施工日志

2008-7-20 晴

1. 巡检

×××大桥：8＃墩6＃桩，4＃墩6＃桩，6＃墩3＃桩及0＃台2＃桩钻孔（冲击）正施工；2＃墩基坑正开挖；

碎石桩：除7＃、10～12＃、1＃～2＃机未进到卵石而停工外，其他桩机都在施工；

DK×××＋109涵边样砌筑施工，抽取砂浆试件一组；

旋喷桩（DK×××＋383涵基处理）上午未施工。

在碎石桩施工现场口头通知碎石桩现场主管工程师×××要抓紧时间将资料及相关施工图表整理出来并汇总。

2. 复检

14：30质检工程师×××自检6号墩3＃桩后报检：标高为23.394 m，检孔器下探深度为2 696 m；测锥底（尖）为2 745 m；提出再清孔。

钢筋笼质检，长度为1 360＋1 168、1 280＋1 246 m，直径113 m，主箍筋规格、数量及绑扎焊接合格。

17：00检查钢筋对接立焊及箍筋绑扎符合要求。

测锥尖深度为2 746 m。

下导管总长为27 m。

混凝土检查，其配比为150∶289∶454∶54∶0375，赣珠水泥。值班：白世清

19：06以前灌注混凝土（5料斗）封底，测孔深为2 570，导管埋深为130 m。旁站：×××。

3. 汇报

17：15～17：55在小港口大桥钢筋加工棚向×××总监代表汇报水下C20混凝土配合比的情况及若干问题（技术力量落弱及卵石料含泥量），×××讲：可以按南昌提供的配比进行施工，今后抽样送四项目部试验。

4. 电话指示：21：20接×××总监代表的电话通知，明日上午9：30上级检查内外业。

【评析】 缺少星期，操作负责人，平均气温，气象要分上下午，缺少工长记录员。

第二节　技术交底文件

知识扫描

一、概念

技术交底是指工程开工前由各级技术负责人将有关工程施工的各项技术要求逐级向下进行技术性交代，直到基层。其目的是使参与施工任务的技术人员和工人明确所担负工程任务的特点、技术要求、施工工艺等，做到心中有数，保证施工顺利进行。因此，技术交底是施工技术准备的必要环节，技术交底文件就是各项技术交底记录汇成的工程技术档案资料。

二、类型

技术交底一般包括下列几种：

(一)设计交底，即设计图纸交底。这是在建设单位主持下，由设计单位向各施工单位(土建施工单位与各设备专业施工单位)进行的交底，主要交代建筑物的功能与特点、设计意图与要求等。

(二)施工设计交底。技术交底的主要内容有：施工方法、技术安全措施、规范要求、质最标准、设计变更等。对于重点工程、特殊工程、新设备、新工艺和新材料的技术要求，需做更详细的技术交底。

建筑施工企业中的技术交底，是在某一单位工程开工前，或一个分项工程施工前，由主管技术领导向参与施工的人员进行的技术性交底，其目的是使施工人员对工程特点、技术质量要求、施工方法与措施等方面有一个较详细的了解，以便科学地组织施工，避免技术质量等事故的发生。各项技术交底记录也是工程技术档案资料中不可缺少的部分。

三、内容

(一)工地(队)交底中有关内容。

(二)施工范围、工程量、工作量和施工进度要求。

(三)施工图纸的解说。

(四)施工方案措施。

(五)操作工艺和保证质量安全的措施。

(六)工艺质量标准和评定办法。

(七)技术检验和检查验收要求。

（八）增产节约指标和措施。

（九）技术记录内容和要求。

（十）其他施工注意事项。

案例评析

××建筑公司门窗制作安装技术交底记录

1. 所用材料必须有产品合格证书、进场验收记录、性能检测报告。

2. 木门的人造木板的甲醛含量应符合设计要求，木门的防火、防腐、防虫处理应符合要求。

3. 木门的结合处和安装配件处不得有木节或已填补的木节。木门如有允许限值以内的死节及直径较大的虫眼时，应用同一材质的木塞加胶填补。

4. 胶合板门不得脱胶，胶合板不得刨透表层单板，不得有戗槎。制作胶合门时，边框和横楞应在同一平面上，面层、边框及横楞应加压胶结。横楞和上、下冒头应各钻两个以上的透气孔，透气应通畅。

5. 木门表面应洁净，不得有刨痕、锤印。

6. 木门的割角、拼缝应严密平整。门框、扇裁口应顺直，刨面应平整。

7. 木门批水、盖口条、压缝条、密封条的安装应顺直，与门结合应牢固、严密。

8. 木门制作的允许偏差，翘曲框为 2 mm，翘曲扇为 2 mm；框、扇对角线长度差为 2 mm；表面平整度为 2 mm，裁口、线条结合处高低差为 0.5 mm；相邻棂子两端间距为 1 mm。

9. 木门安装的留缝限值，门槽口对角线长度差为 2 mm；门框的正、侧面垂直度为 1 mm；框与扇、扇与扇接缝高低差为 1 mm。

【评析】 部分工程应该详细交底。缺少工程名称，监理单位，建设单位，施工单位，交底日期，交底人签字。

相关链接

施工现场分项工程安全技术交底制度

一、施工现场各分项工程在施工作业前必须进行安全技术交底。

二、施工员在安排分项工程生产任务的同时，必须向作业人员进行有针对性的安全技术交底。

三、各专业分包单位的安全技术交底，由各工程分包单位的施工管理人员，向其作业人员进行作业前的安全技术交底。

四、安全技术交底使用范本时，应在补充交底栏内填写有针对性的内容，按分项工程的特点进行交底，不准留有空白。

五、安全技术交底使用应按工程结构层次的变化反复进行，要针对每层结构的实际状况，逐层进行有针对性的安全技术交底。

六、安全技术交底必须履行交底认签手续，由交底人签字，由被交底班组的集体签字认可，不准代签和漏签。

七、安全技术交底必须准确填写交底作业部位和交底日期。

八、安全技术交底的认签记录，施工员必须及时提交给安全台账资料管理员。安全台账资料管理员要及时收集、整理和归档。

九、施工现场安全员必须认真履行检查、监督职责。切实保证安全技术交底工作不流于形式，提高全体作业人员安全生产的自我保护意识。

第三节　工程联系单、工程变更单、工程签证单

知识扫描

一、工程联系单

工程联系单是参与工程建设的建设、设计、监理和施工单位，在工程建设过程中，为协调处理各种工程事件，单方出具的书面联系文书，是参与施工的单位和部门间常用的建筑文书之一，一般由出具方签字盖章。发包商、监理、承包商、材料设备供应商等，都会以工程联系单的抬头，向有关单位发文。其内容仅作为联系工作的情况表述，不作为最终事实的确认，如其内容实际成为施工事实的须另行办理签证单予以确认；如其内容涉及设计变更的须按规定另行办理设计变更通知单或者技术核定单。

工程联系单不作为工程事实确认的依据，也不作为办理竣工增减结算的依据。工程联系单通常都是使用在不会产生工程费用或直接产生严重后果的场合。比如通知承包人来开会，或者通知停水停电，提醒注意节假日的工作安排等。有时工程联系单也会通知产生费用的项目，比如上级领导要来视察，通知承建商“清水洒街”，这显然要产生费用，但这个时候工程联系单仍仅产生“通知”效用。费用的确认与获得，必须走“工程签证”才会被确认。没有走后面的流程，视为承包人没有费用要求，不论事实是不是产生了费用。所以常规理解工程联系单都是不产生费用的日常事项。如果产生了费用或其他联带事项，就会激活“工程签证”等相关流程。

二、工程变更单

设计变更单和技术核定单统称为工程变更单。

(一)设计变更是指对原施工图纸和设计文件中所表达的设计标准状态的修改、完善和优化。设计变更仅包含由于设计工作本身的漏项、错误等原因而修改、补充原设计的技术资料，是施工图纸的组成部分，也是编制竣工图纸的依据。

（二）在施工过程中，非图纸设计原因而发生的对原设计图纸的变更均须办理技术核定单。技术核定单表述的内容是非设计原因造成的设计变更，所以首先必须根据设计变更产生的原因分清责任后，再按照合同有关规定明确其是否作为办理竣工增减结算的依据。技术核定单仅作为技术资料予以办理，而其本身不作为办理竣工增减结算的直接依据资料，须由相关单位（包括承包人和发包人）根据技术核定单内容在技术核定单内容实施完成后，另行办理相应签证单予以确认。无对应签证单的技术核定单无论其内容如何，均视为其相关费用已包括在合同承包总价范围内，不得再行办理竣工增减结算。

工程变更的主要类型。

1. 由于设计单位的施工图出现错、漏、碰、缺等情况，而导致做法变动、材料代换或其他变更事项。

2. 由于发包人改变建设标准、建筑结构、局部做法、使用功能、增减工程内容，而导致做法变动、材料代换或其他变更事项。

3. 由于发包人、监理单位、承包人、政府部门等采用新工艺、新材料或其他技术措施等，而导致做法变动、材料代换或其他变更事项。

4. 由于承包人因施工方法、施工程序、施工材料和施工机械等原因，不能按图施工须变更设计的。

5. 承包人在施工中发生质量事故须变更设计或者采用补强措施的。

6. 由于销售部、客户要求提出变更，而导致做法变更、材料代换或其他变更事项。

三、工程签证单

工程签证是指工程索赔，主要包括工期索赔和费用索赔两个方面。签证的方式包括承包人向发包人签证，也包括发包人向承包人签证。

（一）工程签证单产生的原因，有技术核定单产生的签证、工程联系单产生的签证和其他现场原因直接产生的签证等。

（二）工程签证单应该在其表述内容施工完成后方可办理。

（三）工程签证单本身不属于技术资料，其内容不作为编制竣工图纸的依据。工程签证单须经发包人和承包人分别签字盖章后方始生效，监理单位作为见证方签字盖章予以见证。

（四）工程签证的主要类型。

1. 因设计变更导致已施工的部位需要拆除（需注明设计变更编号）。

2. 施工过程中出现的未包含在合同中的各种技术措施处理。

3. 在施工过程中，由于施工条件变化、地下状况（土质、地下水、构筑物及管线等）变化，导致工程量增减，材料代换或其他变更事项。

4. 在施工合同之外，委托承包人施工的零星工程。

5. 合同规定需实测工程量的工作项目。

（五）所有的工程签证单都必须使用发包人规定的标准表格（见附件），并明确以下内容：编号、工程名称、发生的时间、发生的部位或范围、变更签证的内容做法及原因说明、增加的工程量、减少的工程量、相关图纸说明。

（六）零星用工、机械台班的签证：在工程签证中原则上不以零工、台班形式出现，如有特殊原因需发生零工或机械台班，必须由工程部负责人同意后方可进行签证。

（七）所有工程签证单只有加盖发包人指定印章才能生效，承包人也应加盖有效印章。

（八）工程签证单的费用结算。

1. 一旦有费用事项发生，不论是工程联系单激活，或现场条件遇到地下障碍，还是管理原因，承包人都应该申报“工程签证单”。工程签证单都是由承包人向发包人现场工程师申报，经审批同意后，对工程签证事实的工程量进行确认。在发包人内部，这一块的流程由工程部与造价部联合完成。

2. 工程量确认后，承包人并不是就可以直接拿钱了。要根据确定的工程量，重新进行价款事项的审核确认。在发包人内部由造价部主办，审核结果报发包人公司领导签字确认后，以公司确认的形式，向承包人确认已签证工程的价款额。

实训课堂

根据你的假期社会实践和实习活动，正确填写下列建筑施工文件。

监理日志

填写人：____________　　　　　　　　　　　　日期：_____年_____月_____日

天气			夜晚	
施工部位 施工内容 施工形象				
施工质量检验、安全作业情况				
施工作业中存在的 问题及处理情况				
承包人的管理人员及 主要技术人员到位情况				
施工机械投入运行和 设备完好情况				
其　他				

施工日志

日　期		施工部位	
天气情况		温　度	
突发事件			
生产情况记录：(施工项目内容，生产存在的问题等)			
技术质量安全记录：(技术活动，技术问题)			
验收情况：			
工程负责人		记录人	

施工技术交底记录

年　　月　　日　　　　　　　　　　　　　　　　　　　　　　　　　　　　施管表5

工程名称	合肥市滨湖新区上海路工程	分部工程	
分项工程名称			

交底内容：

1. 进入现场必须遵守安全操作规程，安全生产十大纪律和文明施工的规定。

2. 模板拆除时应保证混凝土有足够的强度。

3. 柱子模板拆除：先拆掉柱斜拉杆或斜支撑，卸去柱箍，再把连接每片柱模板的U形卡拆掉，然后用撬棍轻轻撬动模板，使模板与混凝土脱离。

4. 楼板、梁模板拆除：

(1)应先拆梁侧帮模，再拆除楼板模板，拆楼板模板先拆掉水平拉杆，然后拆除支柱，每根龙骨留1～2根支柱暂不拆。

(2)操作人员站在已拆除的空隙，拆去近旁余下的支柱，使其龙骨自由坠落。

(3)用钩子将模板钩下，等该段的模板全部脱模后，集中运出，集中堆放。

(4)楼层较高，支模采用双层排架时，先拆上层排架，使龙骨和模板落在底层排架上，上层钢模全部运出后，再拆底层排架。

(5)有穿墙螺栓者，先拆掉穿墙螺栓和梁托架，再拆除梁底模。

5. 操作人员站在已拆除的空隙，拆去近旁余下的支柱，使其龙骨自由坠落。

6. 用钩子将模板钩下，等该段的模板全部脱模后，集中运出，集中堆放。

7. 楼层较高，支模采用双层排架时，先拆上层排架，使龙骨和模板落在底层排架上，上层钢模板全部运出后，再拆底层排架。

8. 有穿墙螺栓者，先拆掉穿墙螺栓和梁托架，再拆除梁底模。

9. 侧模板拆除时，混凝土强度能保证其表面及楞角不因拆除模板受损坏，方可拆除。板与梁拆模强度如设计无规定时，应符合施工规范的规定。

10. 拆模时严禁模板直接从高处往下扔，以防止模板变形和损坏。

11. 拆模时不得用大锤硬砸或撬棍硬撬，以免损伤混凝土表面和棱角。拆下的钢模板，如发现模板不平时或肋边损坏变形，应及时修理。

12. 钢模在使用过程中应加强管理，分规格堆放，及时补刷防锈剂。

交底单位		接收单位	
交底人		接收人	

工程变更单

<table>
<tr><td colspan="2">工程变更单</td><td>编号</td><td></td></tr>
<tr><td>工程名称</td><td></td><td>日期</td><td></td></tr>
<tr><td colspan="4">致：____________
由于____________的原因，兹提出____________工程内容变更(内容见附件)，请予以审批。
附件：
提出单位名称：__________提出单位负责人：__________</td></tr>
<tr><td colspan="4">一致意见：</td></tr>
<tr><td>建设单位：
日期：</td><td>设计单位：
日期：</td><td>监理单位：
日期：</td><td>施工单位：
日期：</td></tr>
</table>

附　录

附录一　党政机关公文处理工作条例

第一章　总　则

第一条　为了适应中国共产党机关和国家行政机关(以下简称党政机关)工作需要，推进党政机关公文处理工作科学化、制度化、规范化，制定本条例。

第二条　本条例适用于各级党政机关公文处理工作。

第三条　党政机关公文是党政机关实施领导、履行职能、处理公务的具有特定效力和规范体式的文书，是传达贯彻党和国家的方针政策，公布法规和规章，指导、布置和商洽工作，请示和答复问题，报告、通报和交流情况等的重要工具。

第四条　公文处理工作是指公文拟制、办理、管理等一系列相互关联、衔接有序的工作。

第五条　公文处理工作应当坚持实事求是、准确规范、精简高效、安全保密的原则。

第六条　各级党政机关应当高度重视公文处理工作，加强组织领导，强化队伍建设，设立文秘部门或者由专人负责公文处理工作。

第七条　各级党政机关办公厅(室)主管本机关的公文处理工作，并对下级机关的公文处理工作进行业务指导和督促检查。

第二章　公文种类

第八条　公文种类主要有：

(一)决议。适用于会议讨论通过的重大决策事项。

(二)决定。适用于对重要事项做出决策和部署、奖惩有关单位和人员、变更或者撤销下级机关不适当的决定事项。

(三)命令(令)。适用于公布行政法规和规章、宣布施行重大强制性措施、批准授予和晋升衔级、嘉奖有关单位和人员。

(四)公报。适用于公布重要决定或者重大事项。

(五)公告。适用于向国内外宣布重要事项或者法定事项。

（六）通告。适用于在一定范围内公布应当遵守或者周知的事项。

（七）意见。适用于对重要问题提出见解和处理办法。

（八）通知。适用于发布、传达要求下级机关执行和有关单位周知或者执行的事项，批转、转发公文。

（九）通报。适用于表彰先进、批评错误、传达重要精神和告知重要情况。

（十）报告。适用于向上级机关汇报工作、反映情况，回复上级机关的询问。

（十一）请示。适用于向上级机关请求指示、批准。

（十二）批复。适用于答复下级机关请示事项。

（十三）议案。适用于各级人民政府按照法律程序向同级人民代表大会或者人民代表大会常务委员会提请审议事项。

（十四）函。适用于不相隶属机关之间商洽工作、询问和答复问题、请求批准和答复审批事项。

（十五）纪要。适用于记载会议主要情况和议定事项。

第三章　公文格式

第九条　公文一般由份号、密级和保密期限、紧急程度、发文机关标志、发文字号、签发人、标题、主送机关、正文、附件说明、发文机关署名、成文日期、印章、附注、附件、抄送机关、印发机关和印发日期、页码等组成。

（一）份号。公文印制份数的顺序号。涉密公文应当标注份号。

（二）密级和保密期限。公文的秘密等级和保密的期限。涉密公文应当根据涉密程度分别标注“绝密”“机密”“秘密”和保密期限。

（三）紧急程度。公文送达和办理的时限要求。根据紧急程度，紧急公文应当分别标注“特急”“加急”，电报应当分别标注“特提”“特急”“加急”“平急”。

（四）发文机关标志。由发文机关全称或者规范化简称加“文件”二字组成，也可以使用发文机关全称或者规范化简称。联合行文时，发文机关标志可以并用联合发文机关名称，也可以单独用主办机关名称。

（五）发文字号。由发文机关代字、年份、发文顺序号组成。联合行文时，使用主办机关的发文字号。

（六）签发人。上行文应当标注签发人姓名。

（七）标题。由发文机关名称、事由和文种组成。

（八）主送机关。公文的主要受理机关，应当使用机关全称、规范化简称或者同类型机关统称。

（九）正文。公文的主体，用来表述公文的内容。

（十）附件说明。公文附件的顺序号和名称。

（十一）发文机关署名。署发文机关全称或者规范化简称。

（十二）成文日期。署会议通过或者发文机关负责人签发的日期。联合行文时，署最后签发机关负责人签发的日期。

（十三）印章。公文中有发文机关署名的，应当加盖发文机关印章，并与署名机关相符。有特定发文机关标志的普发性公文和电报可以不加盖印章。

（十四）附注。公文印发传达范围等需要说明的事项。

（十五）附件。公文正文的说明、补充或者参考资料。

（十六）抄送机关。除主送机关外需要执行或者知晓公文内容的其他机关，应当使用机关全称、规范化简称或者同类型机关统称。

（十七）印发机关和印发日期。公文的送印机关和送印日期。

（十八）页码。公文页数顺序号。

第十条　公文的版式按照《党政机关公文格式》国家标准执行。

第十一条　公文使用的汉字、数字、外文字符、计量单位和标点符号等，按照有关国家标准和规定执行。民族自治地方的公文，可以并用汉字和当地通用的少数民族文字。

第十二条　公文用纸幅面采用国际标准 A4 型。特殊形式的公文用纸幅面，根据实际需要确定。

第四章　行文规则

第十三条　行文应当确有必要，讲求实效，注重针对性和可操作性。

第十四条　行文关系根据隶属关系和职权范围确定。一般不得越级行文，特殊情况需要越级行文的，应当同时抄送被越过的机关。

第十五条　向上级机关行文，应当遵循以下规则：

（一）原则上主送一个上级机关，根据需要同时抄送相关上级机关和同级机关，不抄送下级机关。

（二）党委、政府的部门向上级主管部门请示、报告重大事项，应当经本级党委、政府同意或者授权；属于部门职权范围内的事项应当直接报送上级主管部门。

（三）下级机关的请示事项，如需以本机关名义向上级机关请示，应当提出倾向性意见后上报，不得原文转报上级机关。

（四）请示应当一文一事。不得在报告等非请示性公文中夹带请示事项。

（五）除上级机关负责人直接交办事项外，不得以本机关名义向上级机关负责人报送公文，不得以本机关负责人名义向上级机关报送公文。

（六）受双重领导的机关向一个上级机关行文，必要时抄送另一个上级机关。

第十六条　向下级机关行文，应当遵循以下规则：

（一）主送受理机关，根据需要抄送相关机关。重要行文应当同时抄送发文机关的直接上级机关。

（二）党委、政府的办公厅（室）根据本级党委、政府授权，可以向下级党委、政府行文，其他部门和单位不得向下级党委、政府发布指令性公文或者在公文中向下级党委、政府提出指令性要求。需经政府审批的具体事项，经政府同意后可以由政府职能部门行文，文中须注明已经政府同意。

（三）党委、政府的部门在各自职权范围内可以向下级党委、政府的相关部门行文。

（四）涉及多个部门职权范围内的事务，部门之间未协商一致的，不得向下行文；擅自行文的，上级机关应当责令其纠正或者撤销。

（五）上级机关向受双重领导的下级机关行文，必要时抄送该下级机关的另一个上级机关。

第十七条　同级党政机关、党政机关与其他同级机关必要时可以联合行文。属于党委、政府各自职权范围内的工作，不得联合行文。

党委、政府的部门依据职权可以相互行文。

部门内设机构除办公厅（室）外不得对外正式行文。

第五章　公文拟制

第十八条　公文拟制包括公文的起草、审核、签发等程序。

第十九条　公文起草应当做到：

（一）符合党的理论路线方针政策和国家法律法规，完整准确体现发文机关意图，并同现行有关公文相衔接。

（二）一切从实际出发，分析问题实事求是，所提政策措施和办法切实可行。

（三）内容简洁，主题突出，观点鲜明，结构严谨，表述准确，文字精练。

（四）文种正确，格式规范。

（五）深入调查研究，充分进行论证，广泛听取意见。

（六）公文涉及其他地区或者部门职权范围内的事项，起草单位必须征求相关地区或者部门意见，力求达成一致。

（七）机关负责人应当主持、指导重要公文起草工作。

第二十条　公文文稿签发前，应当由发文机关办公厅（室）进行审核。审核的重点是：

（一）行文理由是否充分，行文依据是否准确。

（二）内容是否符合党的理论路线方针政策和国家法律法规；是否完整准确体现发文机关意图；是否同现行有关公文相衔接；所提政策措施和办法是否切实可行。

（三）涉及有关地区或者部门职权范围内的事项是否经过充分协商并达成一致意见。

（四）文种是否正确，格式是否规范；人名、地名、时间、数字、段落顺序、引文等是否准确；文字、数字、计量单位和标点符号等用法是否规范。

（五）其他内容是否符合公文起草的有关要求。

需要发文机关审议的重要公文文稿，审议前由发文机关办公厅（室）进行初核。

第二十一条　经审核不宜发文的公文文稿，应当退回起草单位并说明理由；符合发文条件但内容需作进一步研究和修改的，由起草单位修改后重新报送。

第二十二条　公文应当经本机关负责人审批签发。重要公文和上行文由机关主要负责人签发。党委、政府的办公厅（室）根据党委、政府授权制发的公文，由受权机关主要负责人签发或者按照有关规定签发。签发人签发公文，应当签署意见、姓名和完整日期；圈阅或者签名的，视为同意。联合发文由所有联署机关的负责人会签。

第六章　公文办理

第二十三条　公文办理包括收文办理、发文办理和整理归档。

第二十四条　收文办理主要程序是：

(一)签收。对收到的公文应当逐件清点，核对无误后签字或者盖章，并注明签收时间。

(二)登记。对公文的主要信息和办理情况应当详细记载。

(三)初审。对收到的公文应当进行初审。初审的重点是：是否应当由本机关办理，是否符合行文规则，文种、格式是否符合要求，涉及其他地区或者部门职权范围内的事项是否已经协商、会签，是否符合公文起草的其他要求。经初审不符合规定的公文，应当及时退回来文单位并说明理由。

(四)承办。阅知性公文应当根据公文内容、要求和工作需要确定范围后分送。批办性公文应当提出拟办意见报本机关负责人批示或者转有关部门办理；需要两个以上部门办理的，应当明确主办部门。紧急公文应当明确办理时限。承办部门对交办的公文应当及时办理，有明确办理时限要求的应当在规定时限内办理完毕。

(五)传阅。根据领导批示和工作需要将公文及时送传阅对象阅知或者批示。办理公文传阅应当随时掌握公文去向，不得漏传、误传、延误。

(六)催办。及时了解掌握公文的办理进展情况，督促承办部门按期办结。紧急公文或者重要公文应当由专人负责催办。

(七)答复。公文的办理结果应当及时答复来文单位，并根据需要告知相关单位。

第二十五条　发文办理主要程序是：

(一)复核。已经发文机关负责人签批的公文，印发前应当对公文的审批手续、内容、文种、格式等进行复核；需作实质性修改的，应当报原签批人复审。

(二)登记。对复核后的公文，应当确定发文字号、分送范围和印制份数并详细记载。

(三)印制。公文印制必须确保质量和时效。涉密公文应当在符合保密要求的场所印制。

(四)核发。公文印制完毕，应当对公文的文字、格式和印刷质量进行检查后分发。

第二十六条　涉密公文应当通过机要交通、邮政机要通信、城市机要文件交换站或者收发件机关机要收发人员进行传递，通过密码电报或者符合国家保密规定的计算机信息系统进行传输。

第二十七条　需要归档的公文及有关材料，应当根据有关档案法律法规以及机关档案管理规定，及时收集齐全、整理归档。两个以上机关联合办理的公文，原件由主办机关归档，相关机关保存复制件。机关负责人兼任其他机关职务的，在履行所兼职务过程中形成的公文，由其兼职机关归档。

第七章　公文管理

第二十八条　各级党政机关应当建立健全本机关公文管理制度，确保管理严格规范，充分发挥公文效用。

第二十九条　党政机关公文由文秘部门或者专人统一管理。设立党委(党组)的县级以上单位应当建立机要保密室和机要阅文室，并按照有关保密规定配备工作人员和必要的安全保密设施设备。

第三十条　公文确定密级前，应当按照拟定的密级先行采取保密措施。确定密级后，应当按照所定密级严格管理。绝密级公文应当由专人管理。

公文的密级需要变更或者解除的，由原确定密级的机关或者其上级机关决定。

第三十一条　公文的印发传达范围应当按照发文机关的要求执行；需要变更的，应当经发文机关批准。

涉密公文公开发布前应当履行解密程序。公开发布的时间、形式和渠道，由发文机关确定。

经批准公开发布的公文，同发文机关正式印发的公文具有同等效力。

第三十二条　复制、汇编机密级、秘密级公文，应当符合有关规定并经本机关负责人批准。绝密级公文一般不得复制、汇编，确有工作需要的，应当经发文机关或者其上级机关批准。复制、汇编的公文视同原件管理。

复制件应当加盖复制机关戳记。翻印件应当注明翻印的机关名称、日期。汇编本的密级按照编入公文的最高密级标注。

第三十三条　公文的撤销和废止，由发文机关、上级机关或者权力机关根据职权范围和有关法律法规决定。公文被撤销的，视为自始无效；公文被废止的，视为自废止之日起失效。

第三十四条　涉密公文应当按照发文机关的要求和有关规定进行清退或者销毁。

第三十五条　不具备归档和保存价值的公文，经批准后可以销毁。销毁涉密公文必须严格按照有关规定履行审批登记手续，确保不丢失、不漏销。个人不得私自销毁、留存涉密公文。

第三十六条　机关合并时，全部公文应当随之合并管理；机关撤销时，需要归档的公文经整理后按照有关规定移交档案管理部门。

工作人员离岗离职时，所在机关应当督促其将暂存、借用的公文按照有关规定移交、清退。

第三十七条　新设立的机关应当向本级党委、政府的办公厅(室)提出发文立户申请。经审查符合条件的，列为发文单位，机关合并或者撤销时，相应进行调整。

第八章　附则

第三十八条　党政机关公文含电子公文。电子公文处理工作的具体办法另行制定。

第三十九条　法规、规章方面的公文，依照有关规定处理。外事方面的公文，依照外事主管部门的有关规定处理。

第四十条　其他机关和单位的公文处理工作，可以参照本条例执行。

第四十一条　本条例由中共中央办公厅、国务院办公厅负责解释。

第四十二条　本条例自 2012 年 7 月 1 日起施行。1996 年 5 月 3 日中共中央办公厅发布的《中国共产党机关公文处理条例》和 2000 年 8 月 24 日国务院发布的《国家行政机关公文处理办法》停止执行。

附录二 党政机关公文格式

GB/T 9704—2012

1. 范围

本标准规定了党政机关公文通用的纸张要求、排版和印制装订要求、公文格式各要素的编排规则，并给出了公文的式样。

本标准适用于各级党政机关制发的公文。其他机关和单位的公文可以参照执行。

使用少数民族文字印制的公文，其用纸、幅面尺寸及版面、印制等要求按照本标准执行，其余可以参照本标准并按照有关规定执行。

2. 规范性引用文件

下列文件对于本标准的应用是必不可少的。凡是注日期的引用文件，仅所注日期的版本适用于本标准。凡是不注日期的引用文件，其最新版本(包括所有的修改单)适用于本标准。

GB/T 148 印刷、书写和绘图纸幅面尺寸

GB 3100 国际单位制及其应用

GB 3101 有关量、单位和符号的一般原则

GB 3102(所有部分)量和单位

GB/T 15834 标点符号用法

GB/T 15835 出版物上数字用法

3. 术语和定义

下列术语和定义适用于本标准。

3.1 字 word

标示公文中横向距离的长度单位。在本标准中，一字指一个汉字宽度的距离。

3.2 行 line

标示公文中纵向距离的长度单位。在本标准中，一行指一个汉字的高度加 3 号汉字高度的 7/8 的距离。

4. 公文用纸主要技术指标

公文用纸一般使用纸张定量为 60～80 g/m^2 的胶版印刷纸或复印纸。纸张白度 80%～90%，横向耐折度≥15 次，不透明度≥85%，pH 值为 7.5～9.5。

5. 公文用纸幅面尺寸及版面要求

5.1 幅面尺寸

公文用纸采用 GB/T 148 中规定的 A4 型纸，其成品幅面尺寸为：210 mm×297 mm。

GB/T 9704—2012

5.2 版面

5.2.1 页边与版心尺寸

公文用纸天头(上白边)为 37 mm±1 mm，公文用纸订口(左白边)为 28 mm±1 mm，版心尺寸为 156 mm×225 mm。

5.2.2 字体和字号

如无特殊说明，公文格式各要素一般用 3 号仿宋体字。特定情况可以作适当调整。

5.2.3 行数和字数

一般每面排 22 行，每行排 28 个字，并撑满版心。特定情况可以作适当调整。

5.2.4 文字的颜色

如无特殊说明，公文中文字的颜色均为黑色。

6. 印制装订要求

6.1 制版要求

版面干净无底灰，字迹清楚无断划，尺寸标准，版心不斜，误差不超过 1 mm。

6.2 印刷要求

双面印刷；页码套正，两面误差不超过 2 mm。黑色油墨应当达到色谱所标 BL100%，红色油墨应当达到色谱所标 Y80%、M80%。印品着墨实、均匀；字面不花、不白、无断划。

6.3 装订要求

公文应当左侧装订，不掉页，两页页码之间误差不超过 4 mm，裁切后的成品尺寸允许误差±2 mm，四角成 90°，无毛茬或缺损。

骑马订或平订的公文应当：

a)订位为两钉外订眼距版面上下边缘各 70 mm 处，允许误差±4 mm；

b)无坏钉、漏钉、重钉，钉脚平伏牢固；

c)骑马订钉锯均订在折缝线上，平订钉锯与书脊间的距离为 3～5 mm。

包本装订公文的封皮(封面、书脊、封底)与书芯应吻合、包紧、包平、不脱落。

7. 公文格式各要素编排规则

7.1 公文格式各要素的划分

本标准将版心内的公文格式各要素划分为版头、主体、版记三部分。公文首页红色分隔线以上的部分称为版头；公文首页红色分隔线(不含)以下、公文末页首条分隔线(不含)以上的部分称为主体；公文末页首条分隔线以下、末条分隔线以上的部分称为版记。

页码位于版心外。

7.2 版头

7.2.1 份号

如需标注份号，一般用 6 位 3 号阿拉伯数字，顶格编排在版心左上角第一行。

7.2.2 密级和保密期限

如需标注密级和保密期限，一般用 3 号黑体字，顶格编排在版心左上角第二行；保密期限中的数字用阿拉伯数字标注。

7.2.3　紧急程度

如需标注紧急程度，一般用3号黑体字，顶格编排在版心左上角；如需同时标注份号、密级和保密期限、紧急程度，按照份号、密级和保密期限、紧急程度的顺序自上而下分行排列。

7.2.4　发文机关标志

由发文机关全称或者规范化简称加“文件”二字组成，也可以使用发文机关全称或者规范化简称。

发文机关标志居中排布，上边缘至版心上边缘为35 mm，推荐使用小标宋体字，颜色为红色，以醒目、美观、庄重为原则。

联合行文时，如需同时标注联署发文机关名称，一般应当将主办机关名称排列在前；如有“文件”二字，应当置于发文机关名称右侧，以联署发文机关名称为准上下居中排布。

7.2.5　发文字号

编排在发文机关标志下空二行位置，居中排布。年份、发文顺序号用阿拉伯数字标注；年份应标全称，用六角括号“〔〕”括入；发文顺序号不加“第”字，不编虚位(即1不编为01)，在阿拉伯数字后加“号”字。

上行文的发文字号居左空一字编排，与最后一个签发人姓名处在同一行。

7.2.6　签发人

由“签发人”三字加全角冒号和签发人姓名组成，居右空一字，编排在发文机关标志下空二行位置。“签发人”三字用3号仿宋体字，签发人姓名用3号楷体字。

如有多个签发人，签发人姓名按照发文机关的排列顺序从左到右、自上而下依次均匀编排，一般每行排两个姓名，回行时与上一行第一个签发人姓名对齐。

7.2.7　版头中的分隔线

发文字号之下4 mm处居中印一条与版心等宽的红色分隔线。

7.3　主体

7.3.1　标题

一般用2号小标宋体字，编排于红色分隔线下空二行位置，分一行或多行居中排布；回行时，要做到词意完整，排列对称，长短适宜，间距恰当，标题排列应当使用梯形或菱形。

7.3.2　主送机关

编排于标题下空一行位置，居左顶格，回行时仍顶格，最后一个机关名称后标全角冒号。如主送机关名称过多导致公文首页不能显示正文时，应当将主送机关名称移至版记，标注方法见7.4.2。

7.3.3　正文

公文首页必须显示正文。一般用3号仿宋体字，编排于主送机关名称下一行，每个自然段左空二字，回行顶格。文中结构层次序数依次可以用“一、”“(一)”“1.”“(1)”标注；一般第一层用黑体字、第二层用楷体字、第三层和第四层用仿宋体字标注。

7.3.4　附件说明

如有附件，在正文下空一行左空二字编排“附件”二字，后标全角冒号和附件名称。如有多个附件，使用阿拉伯数字标注附件顺序号(如“附件：1.×××××”)；附件名称后不加标点符号。附件名称较长需回行时，应当与上一行附件名称的首字对齐。

7.3.5　发文机关署名、成文日期和印章

7.3.5.1　加盖印章的公文

成文日期一般右空四字编排，印章用红色，不得出现空白印章。

单一机关行文时，一般在成文日期之上、以成文日期为准居中编排发文机关署名，印章端正、居中下压发文机关署名和成文日期，使发文机关署名和成文日期居印章中心偏下位置，印章顶端应当上距正文(或附件说明)一行之内。

联合行文时，一般将各发文机关署名按照发文机关顺序整齐排列在相应位置，并将印章一一对应、端正、居中下压发文机关署名，最后一个印章端正、居中下压发文机关署名和成文日期，印章之间排列整齐、互不相交或相切，每排印章两端不得超出版心，首排印章顶端应当上距正文(或附件说明)一行之内。

7.3.5.2　不加盖印章的公文

单一机关行文时，在正文(或附件说明)下空一行右空二字编排发文机关署名，在发文机关署名下一行编排成文日期，首字比发文机关署名首字右移二字，如成文日期长于发文机关署名，应当使成文日期右空二字编排，并相应增加发文机关署名右空字数。

联合行文时，应当先编排主办机关署名，其余发文机关署名依次向下编排。

7.3.5.3　加盖签发人签名章的公文

单一机关制发的公文加盖签发人签名章时，在正文(或附件说明)下空二行右空四字加盖签发人签名章，签名章左空二字标注签发人职务，以签名章为准上下居中排布。在签发人签名章下空一行右空四字编排成文日期。

联合行文时，应当先编排主办机关签发人职务、签名章，其余机关签发人职务、签名章依次向下编排，与主办机关签发人职务、签名章上下对齐；每行只编排一个机关的签发人职务、签名章；签发人职务应当标注全称。

签名章一般用红色。

7.3.5.4　成文日期中的数字

用阿拉伯数字将年、月、日标全，年份应标全称，月、日不编虚位(即1不编为01)。

7.3.5.5　特殊情况说明

当公文排版后所剩空白处不能容下印章或签发人签名章、成文日期时，可以采取调整行距、字距的措施解决。

7.3.6　附注

如有附注，居左空二字加圆括号编排在成文日期下一行。

7.3.7　附件

附件应当另面编排，并在版记之前，与公文正文一起装订。“附件”二字及附件顺序号用 3 号黑体字顶格编排在版心左上角第一行。附件标题居中编排在版心第三行。附件顺序号和附件标题应当与附件说明的表述一致。附件格式要求同正文。

如附件与正文不能一起装订，应当在附件左上角第一行顶格编排公文的发文字号并在其后标注“附件”二字及附件顺序号。

7.4　版记

7.4.1　版记中的分隔线

版记中的分隔线与版心等宽，首条分隔线和末条分隔线用粗线(推荐高度为 0.35 mm)，中间的分隔线用细线(推荐高度为 0.25 mm)。首条分隔线位于版记中第一个要素之上，末条分隔线与公文最后一面的版心下边缘重合。

7.4.2　抄送机关

如有抄送机关，一般用 4 号仿宋体字，在印发机关和印发日期之上一行、左右各空一字编排。“抄送”二字后加全角冒号和抄送机关名称，回行时与冒号后的首字对齐，最后一个抄送机关名称后标句号。

如需把主送机关移至版记，除将“抄送”二字改为“主送”外，编排方法同抄送机关。既有主送机关又有抄送机关时，应当将主送机关置于抄送机关之上一行，之间不加分隔线。

7.4.3　印发机关和印发日期

印发机关和印发日期一般用 4 号仿宋体字，编排在末条分隔线之上，印发机关左空一字，印发日期右空一字，用阿拉伯数字将年、月、日标全，年份应标全称，月、日不编虚位(即 1 不编为 01)，后加“印发”二字。

版记中如有其他要素，应当将其与印发机关和印发日期用一条细分隔线隔开。

7.5　页码

一般用 4 号半角宋体阿拉伯数字，编排在公文版心下边缘之下，数字左右各放一条一字线；一字线上距版心下边缘 7 mm。单页码居右空一字，双页码居左空一字。公文的版记页前有空白页的，空白页和版记页均不编排页码。公文的附件与正文一起装订时，页码应当连续编排。

8. 公文中的横排表格

A4 纸型的表格横排时，页码位置与公文其他页码保持一致，单页码表头在订口一边，双页码表头在切口一边。

9. 公文中计量单位、标点符号和数字的用法

公文中计量单位的用法应当符合 GB 3100、GB 3101 和 GB 3102(所有部分)，标点符号的用法应当符合 GB/T 15834，数字用法应当符合 GB/T 15835。

10. 公文的特定格式

10.1　信函格式

发文机关标志使用发文机关全称或者规范化简称，居中排布，上边缘至上页边为 30 mm，推荐使用红色小标宋体字。联合行文时，使用主办机关标志。

发文机关标志下 4 mm 处印一条红色双线(上粗下细)，距下页边 20 mm 处印一条红色双线(上细下粗)，线长均为 170 mm，居中排布。

如需标注份号、密级和保密期限、紧急程度，应当顶格居版心左边缘编排在第一条红色双线下，按照份号、密级和保密期限、紧急程度的顺序自上而下分行排列，第一个要素与该线的距离为 3 号汉字高度的 7/8。

发文字号顶格居版心右边缘编排在第一条红色双线下，与该线的距离为 3 号汉字高度的 7/8。

标题居中编排，与其上最后一个要素相距二行。

第二条红色双线上一行如有文字，与该线的距离为 3 号汉字高度的 7/8。

首页不显示页码。

版记不加印发机关和印发日期、分隔线，位于公文最后一面版心内最下方。

10.2　命令(令)格式

发文机关标志由发文机关全称加“命令”或“令”字组成，居中排布，上边缘至版心上边缘为 20 mm，推荐使用红色小标宋体字。

发文机关标志下空二行居中编排令号，令号下空二行编排正文。

签发人职务、签名章和成文日期的编排见 7.3.5.3。

10.3　纪要格式

纪要标志由“×××××纪要”组成，居中排布，上边缘至版心上边缘为 35 mm，推荐使用红色小标宋体字。

标注出席人员名单，一般用 3 号黑体字，在正文或附件说明下空一行左空二字编排“出席”二字，后标全角冒号，冒号后用 3 号仿宋体字标注出席人单位、姓名，回行时与冒号后的首字对齐。

标注请假和列席人员名单，除依次另起一行并将“出席”二字改为“请假”或“列席”外，编排方法同出席人员名单。

纪要格式可以根据实际制定。

11. 式样

A4 型公文用纸页边及版心尺寸见图 1；公文首页版式见图 2；联合行文公文首页版式 1 见图 3；联合行文公文首页版式 2 见图 4；公文末页版式 1 见图 5；公文末页版式 2 见图 6；联合行文公文末页版式 1 见图 7；联合行文公文末页版式 2 见图 8；附件说明页版式见图 9；带附件公文末页版式见图 10；信函格式首页版式见图 11；命令(令)格式首页版式见图 12。

图 1　A4 型公文用纸页边及版心尺寸

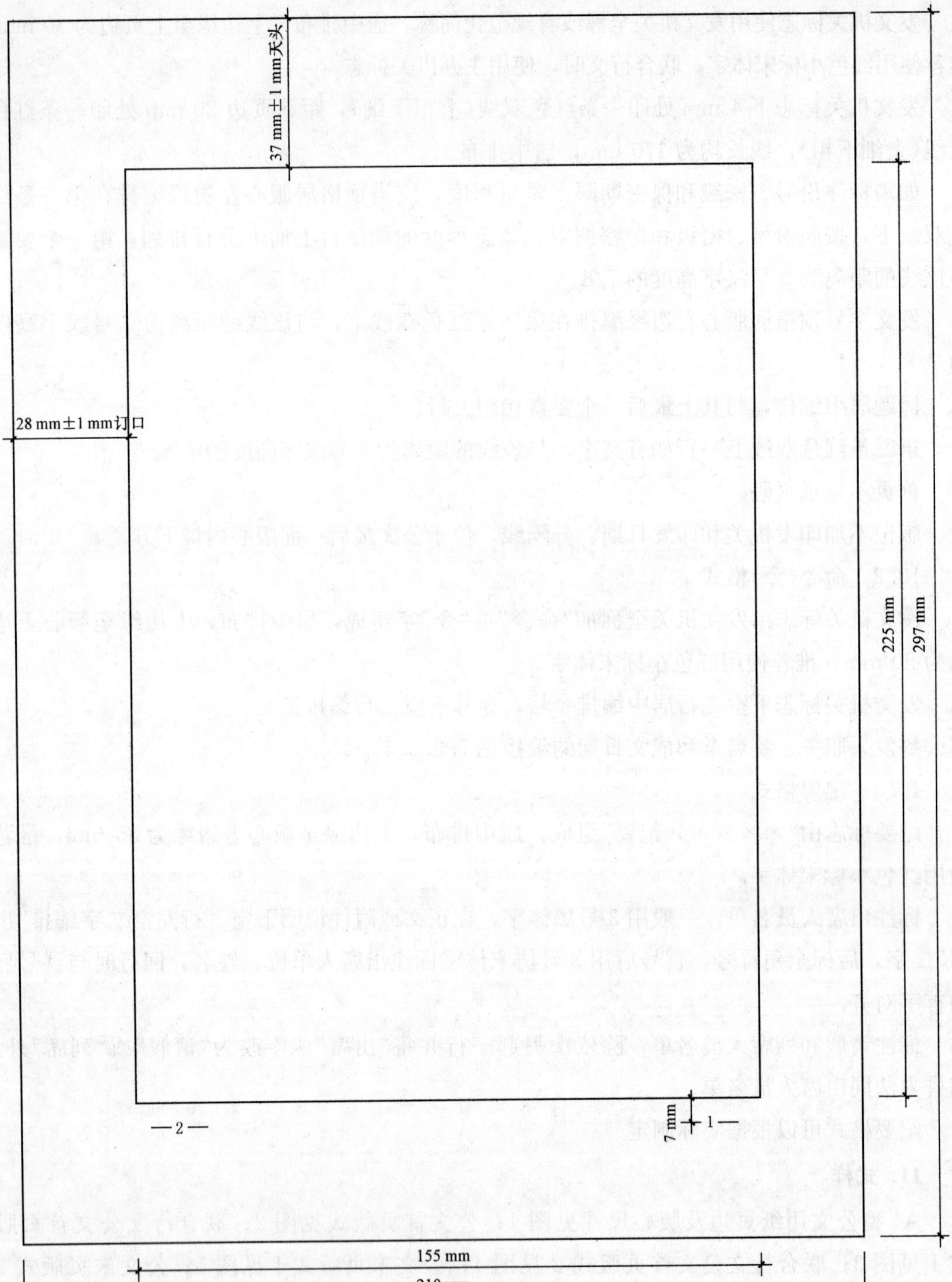

图 1　A4 型公文用纸页边及版心尺寸

000001

机　密★1年

特　急

×××××文件

×××〔2012〕10号

×××××关于×××××××的通知

××××××：

　　×××××××××××××××××××××××××××
×××××××××××××××××××××××××××××
×××××××××××××××××××××××××××××
×××××××××××××××××××××××××××××
××××××。

　　×××××××××××××××××××××××××××
×××××××××××××××××××××××××××××
×××××××××××××××。

　　××××××××××××××××××××××××。

　　×××××××××××××××××××××××××××
×××××××××××××××××××××××××××××
×××××××××××××××××××××××××××××
×××××××××××××××××××××××××××××
×××××。

— 1 —

图2　公文首页版式

注：版心实线框仅为示意，在印制公文时并不印出。

000001

机　密★1年

特　急

××××××

×　　×　　×文件

××××××

×××〔2012〕10号

×××××关于××××××的通知

××××××：

　　××××××××××××××××××××××××××

××××××××××××××××××××××××××××

××××××××××××××××××××××××××××

××××××××××××××××××××××××。

　　××××××××××××××××××××××××××

××××××××××××××××××××××××××××

×××××××××××××××。

　　××××××××××××××××××××××××。

　　××××××××××××××××××××××××××

××××××××××××××××××××××××××××

××××××××××××××××××××××××××××

××××××××××××××××××××××××××××

×××××。

—1—

图3　联合行文公文首页版式1

注：版心实线框仅为示意，在印制公文时并不印出。

000001

机　密★1年

特　急

××××××

×　×　×

××××××

签发人：×××　×××

×××〔2012〕10号　　　　×××

××××××关于××××××的请示

××××××：

×××。

××。

×××××××××××××××××××××××。

××。

—1—

图4　联合行文公文首页版式2

注：版心实线框仅为示意，在印制公文时并不印出。

××××××××××××××××：

　　×××。

2012年7月1日

（×××××）

抄送：×××××××××，×××××××，×××××，×××××，×××××。

××××××××××　　　　2012年7月1日印发

— 2 —

图 5　公文末页版式 1

注：版心实线框仅为示意，在印制公文时并不印出。

××××××××××××××××：

××。

××××××××××××

2012年7月1日

（×××××）

抄送：××××××××，××××××，×××××，×××××，×××××。

××××××××× 2012年7月1日印发

— 2 —

图6 公文末页版式2

注：版心实线框仅为示意，在印制公文时并不印出。

××××××××××××××××：

　　××××××××××××××××××××××××××
××××××××××××××××××××××××××××
××××××××××××××××××××××××××××
××××××××××××××××××××××××××。

2012年7月1日

　　（×××××）

抄送：×××××××××，×××××××，×××××，×××××，×××××。

×××××××××××　　　　2012年7月1日印发

— 2 —

图7　联合行文公文末页版式1

注：版心实线框仅为示意，在印制公文时并不印出。

×××××××××××××××××：

　　×××××××××××××××××××××××××××××××
×××××××××××××××××××××××××××××××××
×××××××××××××××××××××××××××××××××
×××××××××××××××××××××××××××。

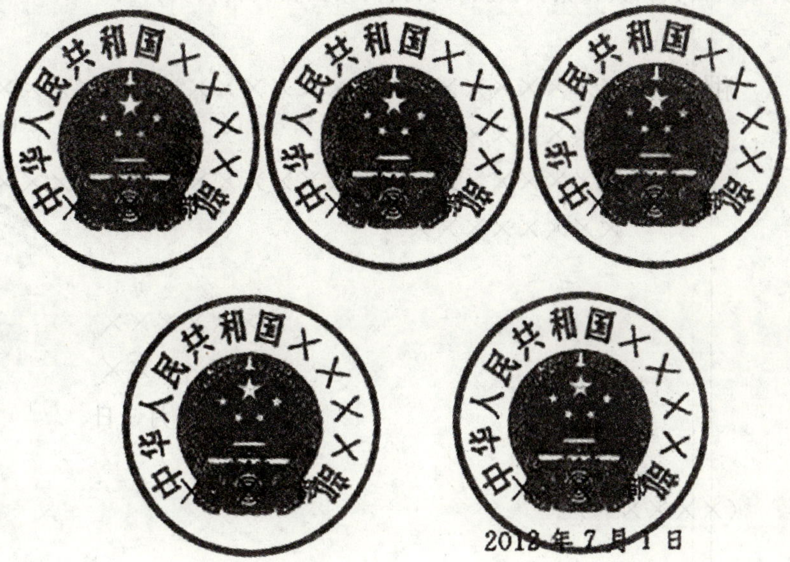

2012年7月1日

（×××××）

抄送：×××××××××，××××××，×××××，×××
××，×××××。

×××××××××× 2012年7月1日印发

— 2 —

图 8　联合行文公文末页版式 2

注：版心实线框仅为示意，在印制公文时并不印出。

×××××××××××××××：

　　×××××××××××××××××××××××××××
×××××××××××××××××××××××××××××
×××××××××××××××××××××××××××××
×××××××××××××××××××××××。

　　附件：1. ×××××××××××××××××××××××
　　　　　　××××××××
　　　　2. ×××××××××××××××××××××××
　　　　　　××××××××

×××××××

×××××××

2012 年 7 月 1 日

（×××××）

— 2 —

图 9　附见说明页版式

注：版心实线框仅为示意，在印制公文时并不印出。

附件 2

×××××××××××

　　×××××××××××××××××××××××××××
×××××××××××××××××××××××××××××
×××××××××××××××。

　　×××××××××××××××××××××××××××
×××××××××××××××××××××××××××××
×××××××××××××××××××××××××××××
×××××××××××××××××××××××××××××
×××××××××××。

抄送：××××××××，××××××，×××××，×××
　　　××，×××××。

×××××××××　　　　2012 年 7 月 1 日印发

— 4 —

图 10　带附件公文末页版式

注：版心实线框仅为示意，在印制公文时并不印出。

中华人民共和国×××××部

000001　　　　　　　　　　　　　　　　×××〔2012〕10号

机　密

特　急

×××××关于×××××××的通知

×××××××××：

×××。

××。

××。

图 11　信函格式首页版式

注：版心实线框仅为示意，在印制公文时并不印出。

××××××令

第×××号

　　××××××××××××××××××××××××××
××××××××××××××××××××××××××××
××××××××××××××××××××××××××××
×××××××××××××××××××××××××××。
　　××××××××××××××××××××××××××
××××××××××××××××××××××××××××
××××××××××××××××××××××××××××
××××××××××××××××××××××××××××
××××××××××××××××××××××××××××
×××××××××××××。

部　长　×××

2012年7月1日

—1—

图12　命令(令)格式首页版式

注：版心实线框仅为示意，在印制公文时并不印出。

参 考 文 献

[1] 张耀辉．应用写作[M]．上海：华东师范大学出版社，2006.
[2] 宫照敏．建筑应用文写作[M]．北京：机械工业出版社，2009.
[3] 杨文丰．现代应用文书写作[M]．北京：中国人民大学出版社，2011.
[4] 郝立新．应用文写作[M]．北京：清华大学出版社，2012．
[5] 唐元明，徐友辉．建筑应用文写作规范与实务[M]．北京：北京理工大学出版社．2013.
[6] 徐新民．写作学指要[M]．呼和浩特：内蒙古大学出版社，2003.
[7] 陈雨．房地产广告策划与实务[M]．北京：北京理工大学出版社，2013.
[8] 饶士奇．公文写作与处理[M]．沈阳：辽宁教育出版社，2004.
[9] 贾莉娟．浅谈应用文的文体特征和语体色彩[J]．现代语文(理论研究版)，2005(4).
[10] 岳庆军．应用写作实训教程[M]．北京：高等教育出版社，2010.